Liebe und Respekt

Johannes Delheid

LIEBE UND RESPEKT

die Formel für Erfolg

Brauchen wir noch die römisch-katholische Kirche?

Macht oder Nächstenliebe?

Bibliografische Information der Deutschen Nationalbibliothek
Die Deutsche Nationalbibliothek verzeichnet diese Publikation in der
Deutschen Nationalbibliografie; detaillierte bibliografische Daten sind im
Internet über http://dnb.d-nb.de abrufbar.

*Die automatisierte Analyse des Werkes, um daraus Informationen
insbesondere über Muster, Trends und Korrelationen gemäß §44b UrhG
(»Text und Data Mining«) zu gewinnen, ist untersagt.*

© 2024 Johannes Delheid

Grafik: George Trumpeter/ Shutterstock.com

Umschlagdesign, Satz, Herstellung und Verlag:
BoD – Books on Demand, Norderstedt

ISBN 978-3-7583-6003-9

INHALT

VORWORT

Wir schreiben das Jahr 2024 (nach Christus). Wir erleben den brutalen und völkerrechtswidrigen Angriffskrieg von Putin-Russland gegen die Ukraine. Dieser Krieg hat Atomkriegspotential. Der Zweite Weltkrieg brachte das im August 1945 in Japan – Atombomben auf Hiroshima und Nagasaki. Die Welt ist heute in der Lage, sich selbst zu vernichten beziehungsweise den Planeten in weiten Teilen unbewohnbar zu machen. Die Waffen dafür sind da.

Und der mit Atomwaffeneinsatz drohende Wladimir Putin erfreut sich der öffentlichen Zustimmung des Oberhauptes der russisch-orthodoxen Kirche, Kyrill I. Als »Glaubenskrieger gegen das Böse« wurden sie in einer Sendung des WDR (Monitor) bezeichnet. Der Spiegel schreibt am 7.5.2022 dazu: Kyrill I. feiert Putin als Wunder Gottes und die Ukraine-Invasion als einen heiligen Krieg. Derselbe Kyrill soll über ein geschätztes Milliarden-Vermögen verfügen. Woher?

Die russisch-orthodoxe Kirche soll heute über 150 Millionen Mitglieder haben. Jesus wird von ihr als inkarnierter/fleischgewordener Gott verehrt. Dieser soll die Botschaft verkündet haben: »Du sollst den Herrn deinen Gott lieben und deinen Nächsten wie dich selbst«. Und das Oberhaupt einer christlichen Kirche unterstützt einen brutalen, völkerrechtswidrigen Angriffskrieg. Wie versteht man das?

Als Adolf Hitler 1939 den Zweiten Weltkrieg auslöste mit dem Überfall auf Polen, lebten in Deutschland 80-90 % Christen, evangelisch oder katholisch. Auch diese Christen beriefen und berufen sich auf Jesus als Sohn Gottes.

Dieser Krieg soll weltweit circa 66 Millionen Menschen das Leben gekostet haben. Hinzu kommen Millionen Schwerstverletzte. Die Nazis konnten vom christlichen Deutschland aus einen verbrecherischen Angriffskrieg führen und zudem 6.000.000 Juden, 500.000 Sinti und Roma und 70.000 Erwachsene (im Rahmen der sogenannten Erwachsenen-Euthanasie) ermorden.

Schon 1933 gab es einen Staatskirchenvertrag zwischen dem Vatikan und dem Deutschen Reich, sog. Reichskonkordat, mit dem den Katholiken der Widerstand gegen die Nazis quasi abgekauft wurde, u.a. durch diverse Zugeständnisse im Sinne von Bestandssicherung und dem Recht Kirchensteuer erheben zu können.

Warum lassen christliche Glaubensgemeinschaften damals wie heute sich so leicht ruhigstellen?

Haben sie die christliche Botschaft vergessen?

Dem will ich in diesem Buch unter anderem nachgehen.

Was erwartet uns noch im Krieg zwischen Russland und der Ukraine?

Wie entwickelt sich der Konflikt China/Taiwan? Was wird aus dem Kampf um die Rohstoffe in der Antarktis? Was wird aus dem Unruheherd Mittlerer und Naher Osten – Sunniten gegen Schiiten, Israel und Palästina, Iran und Afghanistan? Wer gewinnt den größten Einfluss, die Oberhand in dem ohnehin schon geschundenen Erdteil Afrika, wo und mit welchen Mitteln?

Das Konfliktpotenzial ist gewaltig. Hinzu gekommen sind am 7.Oktober 2023 der brutale Überfall der Hamas auf Israel mit Ermordung und Geiselnahme von Zivilisten und die nachfolgenden Kämpfe im Gaza-Streifen. Diese Auseinandersetzung hat das Potential zum Flächenbrand.

Das kann die Welt sich nicht mehr leisten.

Gleichzeitig befinden wir uns nach Auffassung namhafter Wissenschaftler/innen in einer bedrohlichen Klimakrise. Nach Ansicht dieser Fachleute gilt es, die Erderwärmung zu bremsen. Dies sei die größte Herausforderung dieses Jahrhunderts. Viele Mächtige bestreiten oder ignorieren dieses Problem. Das kann aber nur weltweit gelöst werden. Wie soll das gehen?

Die Schere zwischen Arm & Reich geht immer mehr auseinander – global, in Europa und national. Laut FAO und WHO haben zwischen 720 und 811 Millionen Menschen auf der Welt nicht genug zu essen. Die meisten unterernährten Menschen leben in Asien und Afrika.

Laut UNHCR – Flüchtlingskommissar der Vereinten Nationen – lag die Zahl der durch Krieg, Gewalt Verfolgung und Menschenrechtsverletzung vertriebenen Menschen bei 89,3 Millionen (2021). Die Russische Invasion in der Ukraine hat diese Zahl auf über 100 Millionen Menschen steigen lassen.

Wer weniger als 60 % des mittleren Einkommens zum Leben hat, gilt nach EU-Definition als armutsgefährdet beziehungsweise einkommensarm. Dieses Armutsrisiko betrifft fast ein Sechstel der Bevölkerung. Rund ein Fünftel der Bevölkerung gilt als von Armut oder sozialer Ausgrenzung betroffen. Leidtragende sind vor allem Kinder. Wie soll dieses brennende Problem gelöst werden?

Die infolge des Ukrainekriegs entstandene Verteuerung der Energiekosten wird diese Entwicklung möglicherweise dramatisch beschleunigen. Heftige soziale Unruhen – auch in den relativ reichen westeuropäischen Ländern – könnten die Folge sein. Not und Armut sind Nährboden für Radikale und in Teilen auch für Kriminalität. Der Aufstieg Hitlers ist unter anderem mit damals herrschender wirtschaftlicher Not zu erklären.

Und nicht nur in Deutschland, sondern in vielen Ländern Europas steigt die Zahl rechter, rechtsradikaler und demokratiefeindlicher Bewegungen in beängstigender Weise. Ausländerfeindlichkeit und Fremdenhass ist u.a. das gefährliche Gift, das sie in die europäischen Gesellschaften einbringen. Über siebzig Jahre Frieden und nie gekannter Wohlstand – historisch und im internationalen Vergleich gesehen – sind in Gefahr. Was kann man dagegensetzen?

Brutale Pädophile, die Kindesmissbrauch sogar ins Netz stellen, weltweite kinderpornogafische Netzwerke, Drogenkriminalität, brutales Milieu in den Elendsvierteln großer Städte, Bandenkriminalität, Menschenhandel und Versklavung von Frauen und Kindern (Kinderarbeit) – Kriminalität und menschliche Abgründe, wo man nur hinschaut. Rücksichtslose Gier nach Geld, Sex und Macht. Ist das so und muss hingenommen werden, oder geht da was?

Um das alles zu bewältigen, braucht die Menschheit überall und weltweit einen Paradigmenwechsel im Umgang miteinander. Viele Menschen können sich das nicht vorstellen und haben nur Angst und Sorge. Also resignieren? Oder gibt es möglicherweise einen Lösungsansatz?

In diesem Buch stelle ich die Frage, wie und mit welchen Mitteln dieser Paradigmenwechsel gefördert werden könnte.

Ich gehe dabei der Frage nach, welche Bedeutung in diesem Zusammenhang die Liebesbotschaft des biblischen Jesus von vor über 2000 Jahren haben könnte: »Du sollst Gott lieben und deinen Nächsten wie dich selbst«. Immerhin ist dieser Jesus kausal für das Entstehen einer großen Weltreligion. Zufall?

Und er soll auch auf die Kriminellen und Korrupten zugegangen sein.

Was bedeutet diese Botschaft für die Kirchen, die sich auf Jesus berufen und die Lebensweise eines jeden Einzelnen? Den Nächsten lieben wie sich selbst?

Seit Schülerzeiten beschäftigt mich diese Frage. In hunderten Gesprächen habe ich das zum Thema gemacht. Ich versuche, in diesem Buch der Bedeutung dieser Botschaft nachzugehen.

Auf Jesus berufen sich die Christen. Davon soll es auf unserer Welt circa 2.28 Milliarden geben – zumindest auf dem Papier – bei einer Weltbevölkerung von derzeit 7.75 Milliarden.

Geht Nächstenliebe, Respekt und Verständnis statt Krieg, Gier, Neid und Hass oder ist das nur eine Träumerei ohne jede Aussicht auf Realisierung?

Sind wir Menschen in Egoismus, Machtgier, Habgier, Missgunst, Neid und Hass gefangen?

Christentum und Nächstenliebe, da gibt es was. Aber hat das Christentum jemals zum Frieden in dieser Welt maßgeblich und nachhaltig beigetragen? – haben mir viele entgegengehalten.

Sind die Christen und ihre Kirchen nicht gerade verantwortlich für etliche kriegerische Auseinandersetzungen und Gemetzel, wie ein Blick in die Geschichte zeigt?

Wie soll dieses Christentum heute einen Beitrag zum Frieden in dieser Welt liefern können?

Ist speziell die römisch-katholische Kirche dazu in der Verfassung?

Auch diesen immer wieder gestellten Fragen möchte ich nachgehen.

Ich wurde in einem kleinen Dorf mit 8000 Einwohnern geboren. Geprägt wurde ich durch den (naiven) Katholizismus meiner Eltern und die katholisch geprägte Atmosphäre in der Dorf- und Pfarrgemeinschaft. Der Gymnasialzeit zwischen Humanismus und christlicher Unterweisung folgte das Jurastudium aus echter Überzeugung vom Wert unseres demokratischen Rechtsstaates, dem ersten echten in der deutschen Geschichte.

Über vierzig Jahre anwaltliche Tätigkeit hat mich entscheidend geprägt. Als Anwalt lernt man, Tacheles zu reden dort, wo es erforderlich ist. Um Gerechtigkeit muss man gelegentlich heftig kämpfen. Man wird zum Realismus gezwungen. Friede, Freude, Eierkuchen und heile Welt passen da nicht hinein. Wenn man den Beruf seriös ausübt, lernt man aber vor allen Dingen auch, in Lösungen zu denken und Lösungen zu entwickeln; und auch die

Gegenseite eines Streitfalls zu verstehen. Und man wird geübt darin, Chancen und Risiken gegeneinander abzuwägen, nachdem man sich sorgfältig mit dem zu beurteilenden Sachverhalt vertraut gemacht hat. Ohne vorurteilsfreie Ermittlung des Sachverhalts kommt man nicht zu einem angemessenen Ergebnis. Das gilt überall und nicht nur in der Juristerei.

Seit Jahrzehnten bin ich zudem ehrenamtlich in der katholischen Kirche unterwegs. Ich kenne den Laden ganz gut. Wenn sich viele zurzeit auch schämen ihm anzugehören.

Schauen wir uns diese Kirche doch mal genauer an, die sich auf Jesus, den Botschafter von Liebe und Respekt, beruft (Und wie steht es ist mit den anderen christlichen Kirchen?).

Hört ihr noch jemand zu? Hat sie Bedeutsames zu sagen? Braucht die Welt diese Kirche noch?

Ich bin, für manchen vielleicht überraschend, zu dem Ergebnis gelangt: eigentlich Ja, aber.

Aber sicherlich nicht in der Verfassung, in der diese Kirche sich derzeit befindet, wenden selbst viele »praktizierende« Katholiken ein. Wer sich auf Jesus beruft, muss Nächstenliebe vorleben. Davon ist in der katholischen Kirche nichts oder kaum etwas zu spüren, sagten viele meiner Gesprächspartner und sagen namhafte Kritiker.

Ist diese Einschätzung zutreffend? Haben u.a. die vielen Abscheu erregenden Missbrauchsfälle, weltweit, die katholische Kirche irreparabel beschädigt, ihren Gang in die Bedeutungslosigkeit endgültig eingeleitet? Oder könnte sie mit einem völlig anderen Auftritt der Welt nützlich sein? Die systematische und unerbittliche Bekämpfung von Missbrauch als »conditio sine qua non« unterstellt.

Was stört? Was stößt ab? Was geht gar nicht mehr? Schauen wir hin.

Gibt es Alternativen oder gar Besseres?

Gehen wir auch dem nach.

Analysieren, kritisieren und gleichzeitig nach Lösungen suchen. Das ist mein Weg. Für mich war die Recherche und die Suche nach Lösungen äußerst spannend.

Auch wenn Sie mit Kirche nichts am Hut haben, könnte es gleichwohl spannend sein, mit mir all diesen Fragen nachzugehen. Dabei geht es nicht um Glaube und Religiosität oder gar Frömmigkeit, sondern um Logik, Folgerichtigkeit und Wahrscheinlichkeit sowie Liebe und Macht, Wahrhaftigkeit und Verlogenheit.

Es geht auch nicht um Gutmensch und Schlechtmensch, sondern um Einsicht und Rationalität und die Frage nach dem Wert von Liebe und Respekt im praktischen Leben, in unser aller Alltag.

Wer kann wie einen Beitrag dazu leisten, dass die Welt besser wird, lautet bei alledem meine zentrale Fragestellung.

Bücher, das Internet und viele Gesprächspartner sind meine hoffentlich verlässlichen Quellen, die ich für meine Suche benötigt habe, ohne die immer zu markieren. Es ist kein wissenschaftliches Werk, sondern die Sammlung von Mosaiksteinen zur Erstellung eines »schlüssigen« Bildes, gewonnen aus der Vielfalt der zugänglichen Meinungen.

Suchen Sie mit.

JESUS VON NAZARETH ODER JESUS, DER NAZARENER

Sie sind Christ – oder haben zumindest schon mal etwas von Jesus, Jesus Christus – wie die Christen sagen – gehört?

Der soll gekreuzigt, gestorben und aus dem Tode auferstanden oder auferweckt worden sein. Möglich war das – so die Christen – weil er der Sohn Gottes war.

Märchen? Glaubwürdig? Sie glauben das? Ist das für Sie wichtig?

Es gibt auch die These, er habe das Martyrium überlebt, weil einflussreiche Juden erreicht hätten, ihn früher als vorgesehen vom Kreuz befreien zu können (Kersten, Jesus lebte in Indien).

Fakt ist, dass nach über 2000 Jahren das Leben und Wirken dieses Jesus noch nachwirkt. Es gibt immer noch christliche Kirchen. Das ist wirklich Nachhaltigkeit.

Zufall? Göttliches Wirken?

Er war doch der Sohn Gottes – Ist das die Erklärung?

Sohn Gottes? Wer und wo ist Gott, dass er einen Sohn haben könnte?

Märchen? Glaubwürdig? Sie glauben das? Ist das für Sie wichtig?

Jesus soll nach christlichem Glauben sogar einige Zeit nach seiner Auferstehung/Auferweckung in den Himmel aufgefahren sein.

Wohin? Wo und was ist Himmel?

Märchen? Glaubwürdig? Sie glauben das? Ist das für Sie wichtig?

Wie auch immer. Es muss vor über 2000 Jahren etwas Sensationelles passiert sein. Sonst ist die Geschichte danach nicht zu erklären.

2000 JAHRE CHRISTENTUM

Es gibt das Christentum in der Tat seit über 2000 Jahren – zum Beispiel in Form der immer noch weltweit vertretenen katholischen Kirche. 2.28 Milliarden Christen (1.34 Milliarden davon römisch-katholisch; größte religiöse Glaubensgemeinschaft der Welt) gibt es auf der Welt, bei einer Weltbevölkerung von 7.75 Milliarden Menschen.

Als katholisch sozialisierter Mensch beschäftigt mich dieses Nachhaltigkeits-Phänomen.

Wie erklärt sich das? Mit Märchen erzählen?

Schauen wir auf den Ursprung.

Vor über 2000 Jahren soll laut Neuem Testament ein junger Mann, genannt Jesus, in Palästina die Botschaft von der dreidimensionalen Liebe – sie gilt Gott, dem Nächsten und sich selbst – gelehrt haben.

Jesus soll gesagt haben:

- Höre Israel, der Herr, unser Gott, ist der einzige Herr. Darum sollst du den Herrn, deinen Gott lieben mit ganzem Herzen und ganzer Seele, mit all deinen Gedanken und all deiner Kraft.
- Als Zweites kommt hinzu: du sollst deinen Nächsten lieben wie dich selbst. Kein anderes Gebot ist größer als diese beiden.
- An diesen beiden Geboten hängt das ganze Gesetz samt den Propheten
- Ich gebe euch ein neues Gebot: Liebet einander!
- Ihr sollt einander lieben wie, ich euch geliebt habe.
- An eurer Liebe zueinander werden alle erkennen, dass ihr meine Jünger seid.

Halten wir fest.

Es heißt:

»Kein anderes Gebot ist größer als diese beiden«.

»An diesen beiden Geboten hängt das ganze Gesetz«.

Das ist der Ausgangspunkt meiner Überlegungen. Was bedeuten diese – juristisch formuliert –»Programmsätze« des biblischen Jesus. In der Bibel gibt es eine Vielzahl von Aussagen zur Bedeutung und zum Wesen der Liebe. Und es lohnt sich, gezielt nach diesen Texten zu suchen unabhängig davon, wie man es mit dem Christentum hält.

Zum Beispiel: Wer nicht liebt, hat Gott nicht erkannt; denn Gott ist die Liebe (1 Joh 4.8).

Die Suche nach der Bedeutung der Liebe wird damit auch zur Suche nach der Existenz Gottes. Und die Frage, ob es Gott und/ oder Götter gibt, bewegt die Menschheit seit jeher.

Zwischenfrage.

Hat Jesus überhaupt gelebt?

Diese berühmte, tausendmal gestellte Rückfrage nach dem historischen Jesus ist interessant und berechtigt. Aber ist sie auch wichtig? Kreuzigung, Auferstehung von den Toten, aufgefahren in den Himmel, er sitzt zur Rechten des Vaters – kann man das glauben?

Ob man das alles oder einiges oder nichts davon glaubt, in jedem Fall muss wie gesagt etwas Sensationelles oder völlig Unerwartetes geschehen sein, um Menschen zu ermutigen, die Botschaft dieses Jesus zu verbreiten – trotz Bedrohung, Verfolgung und öffentlicher Hinrichtungen. Und nur deshalb hat seine Botschaft in Form des Christentums seine Verbreitung gefunden. Das wird in dieser oder ähnlicher Form von Theologen und Historikern überzeugend dargelegt.

Der sog. Auferstehungsglaube, wann und wie er auch immer entstanden ist, soll eine entscheidende Kraft dafür gewesen sein, bedingungslos für die Verbreitung der Lehre des biblischen Jesus von der dreidimensionalen Liebe einzutreten. Sind die Christen dabei einem Märchen, einer Erfindung, einer Täuschung zum Opfer gefallen? Leichtgläubige? Oder war es ein Zufall, der eine Weltreligion begründet hat? Reine Glaubenssache eben?

Seine Jünger und Anhänger haben ihn erlebt und seine Botschaften gehört vor seiner Kreuzigung, die historisch recht eindeutig belegt ist. War sein Wirken so eindrucksvoll, dass es trotz seiner Kreuzigung seinen Anhängern die Kraft gegeben hat, seine Lehren zu verbreiten. Oder hat er das Martyrium »sensationellerweise« wirklich überlebt? Oder ist aus dem Tod zurückgekehrt, weil er der Sohn Gottes ist?

So oder so. Er muss sich seinen Anhängern nach der Kreuzigung tatsächlich körperlich lebend gezeigt haben, nicht »verklärt« und jenseits aller irdischen physikalischen Gesetze in verschiedenen Gestalten. Er war totgesagt, ist aber lebend wiederaufgetaucht. Tatsächlich. Das muss es sein, wie auch immer zu erklären. Sonst ist die Geschichte danach nicht erklärbar, was auch immer die christlichen Kirchen dazu sagen.

Wer an Gott glaubt, »den Allmächtigen«, und an Jesus als seinen Sohn, verweist schlicht auf die grenzenlosen Möglichkeiten Gottes. Und wer nicht an die Existenz Gottes glaubt, für den ist an dieser Stelle vielleicht Schluss mit der Botschaft des biblischen Jesus, weil ein nichtexistierender Gott keinen Sohn haben kann.

Kommt es darauf an? Macht das die Botschaft von der dreidimensionalen Liebe eventuell wertlos?

Ein Gekreuzigter, nach normalen menschlichen Bewertungen ein Verlierer, soll eine unaufhaltsame Bewegung ausgelöst haben? War das Zufall oder gibt es dafür eine Erklärung?

Die Ur-Christen sind von ihren Zeitgenossen bewundert oder mitleidig belächelt worden. Sie haben für andere getan, wozu sonst niemand bereit war. Sie sind dort hingegangen, wo sonst niemand hinging – zu den Armen, den Kranken und den Aussätzigen. Woher nahmen sie ihren Mut und ihre Kraft? Sie sollen die Nächstenliebe wirklich gelebt haben. Und quasi wie ein Schneeballsystem hat sich dieser Geist in der Welt verbreitet. Hat das mit Gott zu tun, hat sich das zufällig so ergeben oder liegt das an der Kraft der Liebe, die für Manche eben gleich Gott ist?

Lassen wir uns an diesem Punkt verweilen und lassen wir mal beiseite, was in der Folgezeit bis heute die Menschen und die Kirchen, die sich auf Jesus berufen, daraus gemacht haben.

Es waren »einfache« Menschen, die die Botschaft der Nächstenliebe verbreitet haben. Und nach über 2000 Jahren spricht man noch immer davon. Erneut gefragt. Ist das Zufall? Oder hat das mit Gott oder einer höheren Macht zu tun?

Anders gefragt – ganz pragmatisch: Hat diese Botschaft, woher sie immer auch kommt und wer sie wie in die Welt gebracht hat, heute noch irgendeine Bedeutung für die Welt? Ist sie hilfreich in Bezug auf die Existenz der Menschheit? Hat sie etwas Positives in dieser Welt bewirkt?

Was auf dieser Welt – mit 2,28 Milliarden Christen, 33 % der Weltbevölkerung – los ist, muss man in dieser TV- und Internet-Welt niemandem erklären. Kriege, Kindesmissbrauch, Mord und Totschlag, Ausbeutung, Vertreibung, Unterdrückung, Menschenhandel, Sklaverei, Drogenhandel, Hass im Netz, häusliche Gewalt – Verbrechen, Kriminalität und Unmenschlichkeit, wo man auch hinschaut. Die meisten Menschen sind nach meinen Gesprächen der Meinung, dass sich daran nichts Entscheidendes ändern lässt. »So sind die Menschen eben«.

Den christlichen Kirchen traut man nicht mehr viel zu. Seit 2000

Jahren – so habe ich oft gehört – haben die doch nichts oder allenfalls wenig erreicht. Ihre Kraft ist heute jedenfalls verpufft. »Die Kirchen-Leute sind doch auch nicht besser als die anderen, wie ein Gang durch die vielfach gruselige Kirchengeschichte zeigt«. Der in jüngster Zeit bekannt gewordene tausendfache Missbrauch von Kindern und Ordensfrauen z.B. in der katholischen Kirche – weltweit – hat ihr in der Tat fast jedes Ansehen, fast jede Autorität geraubt. Der unbestreitbare tausendfache Missbrauch und die Tötung von indigenen Kindern in Kanada ist quasi der Gipfel dieses verbrecherischen Tuns. Institutionen, in denen so etwas geschieht, braucht die Welt nicht mehr, habe ich immer wieder gehört.

Vielfach habe ich auch gehört: Wer sich auf Jesus, den Botschafter der Nächstenliebe beruft, und ihn in seiner eigenen Organisation verrät, was will der der Welt noch sagen?

Also Jesus, das war's. Und die sich auf dich berufenden Kirchen werden verschwinden – auf kurz oder lang. Und Sohn Gottes – wer glaubt das denn noch?

Ist das die Perspektive?

DIE JESUS-FORMEL –
UTOPIE ODER LÖSUNG?

Kommen wir zum Programmsatz des biblischen Jesus zurück.

Ganz rational gefragt – ohne Glauben und religiöse Überzeugung:

Wäre es nicht eine bessere Welt, wenn die Menschen auf diesem Planeten mehr Nächstenliebe leben würden?

Und wenn ja, wie könnte das bewirkt werden?

Nicht zu bestreiten. Nächstenliebe ist in Reinform nicht zu leben. Weniger ambitioniert und machbar ist es allerdings, mit dem Anspruch zu leben, seinen Mitmenschen Respekt und Verständnis entgegenzubringen.

Wie ist diese Botschaft – ich nenne sie die »Jesus-Formel« – von Liebe, Respekt und Verständnis zu verstehen und wie ist sie eventuell umsetzbar?

Zum Verständnis der Botschaft *Du sollst Gott lieben und deinen Nächsten wie dich selbst* muss man – das habe ich schon als Schüler gelernt – an deren Ende beginnen: »Wie dich selbst«.

Ich muss mich selbst lieben oder zumindest akzeptieren, um den Nächsten lieben bzw. respektieren zu können. »Wie dich selbst« ist der Hinweis darauf, dass Nächstenliebe – denklogisch – ohne Eigenliebe nicht geht. Wer mit sich, der Zufälligkeit der eigenen Geburt, seinen körperlichen und geistigen Gegebenheiten und seiner Lebenssituation hadert, sich insoweit benachteiligt fühlt und auf sein eigenes Leben bezogen die Welt als ungerecht und sein Leben als nicht lebenswert empfindet, kann nicht gleichwohl seine Mitmenschen lieben und ihnen Verständnis und Respekt entgegenbringen.

Es steht niemandem an, andere, die, aus welchem Grund auch immer, unglücklich und unzufrieden sind, deswegen zu verurteilen. Aber: Woher auch immer dieses Empfinden kommt und worauf auch immer es zurückzuführen ist, es verbaut den Zugang zu den Mitmenschen. Um dem zuzustimmen, muss man nur sich selbst und andere daraufhin beobachten. Neid, Missgunst, Hass, Rücksichtslosigkeit, fehlende Sensibilität, fehlendes Feingefühl, verletzendes Verhalten, ständige Nörgelei usw. sind die Indikatoren dieses Empfindens.

Stehe ich zu mir, finde ich zu mir, finde ich eher Zugang zum Nächsten und vielleicht auch zu Gott, wenn ich ihn denn suche. Das hat unser Religionslehrer auf der Penne uns schon Anfang der 60er Jahre eindrucksvoll vermittelt. Ein toller Mensch. Mehr Philosoph denn Vermittler kleinteiliger religiöser Inhalte und Glaubensregeln. Von niemandem anders habe ich damals solches gehört.

Mit dieser Denkweise gelang uns z.b. auch der Zugang und das Verständnis zu den Werken von Max Frisch (»Ja, wir müssen beginnen mit unserem Ich, ehe wir andere formen wollen«). Die Beschäftigung mit dem eigenen Ich steht im Zentrum von Frischs Werk (ETH Zürich). Für mich gab es da eine starke Verbindung zur Eigenliebe »Wie dich selbst«, ohne das an dieser Stelle vertiefen zu wollen.

Dieses Verständnis der Jesus-Formel hat das Potential, die Welt besser zu machen.

Wer die Zufälligkeit der eigenen Geburt und Existenz liebt beziehungsweise zumindest akzeptiert, findet auch zum Nächsten. Das macht das Leben schöner und leichter, für mich und andere. Das ist die These.

Das Gleiche gilt in Bezug auf das Unabänderliche, das einem im Leben widerfährt, und die Akzeptanz der Lebenssituation, in der man sich befindet, ob gut oder schlecht, sei es verschuldet oder unverschuldet.

Bei WiReLex fand ich die Aussagen einiger Jugendlicher zitiert, die das Gebot der Nächstenliebe unverkennbar als realitätsfern einstufen:

»Altes Testament. Gott lässt mal wieder den Rauch rein, Schlachten und Geschichten. Das war interessant. Dann kam Jesus, und plötzlich war alles wie im Blumen-Sonne-Lutscherland. Keine Gewalt, Nächstenliebe. Wenn dir einer die Jacke klaut, gib ihm die Hose auch noch. Ja, ja, ganz große Klasse.« (Sven, 17 Jahre).

»... und dass wir lieber anderen helfen sollen. Wobei das aus meiner Sicht wirklich niemand tut. Jesus kommt ehrlich gesagt nur noch in alten Kindergeschichten vor.« (Anita, 16 Jahre).

Die Faszination und lebensentscheidende Bedeutung der Eigen- und Nächstenliebe hat diesen jungen Menschen offenbar niemand vermittelt. Der Grund liegt nach meiner Erfahrung darin, dass Religionsunterricht auch an christlichen Schulen seit eh und je regelmäßig ins Leere geht. Statt die Kernbotschaft von der Nächstenliebe (z.b. das Thema Sozialverhalten in allen Varianten) und deren Bedeutung für das Leben jedes Einzelnen und die Existenz der Menschheit in den Vordergrund zu stellen, werden Glaubensinhalte vermittelt, mit denen man junge Menschen von heute kaum noch erreichen kann. Und dann auch noch in einer Sprache, die sie nicht mehr verstehen. Das Mittelalter lässt grüßen.

Wenn Sie diese Einschätzung für unzutreffend halten, fragen Sie nach, was junge Leute heute noch, obwohl in christlicher Religion unterrichtet, von Kirche halten. Oder schauen Sie nur die Gottesdienstbesuche an. Finden Sie unter den Wenigen noch junge Leute? Abstimmung mit den Füßen.

Gerade für junge Menschen, beginnend mit der Pubertät, ist die

Lehre von der Eigen- und Nächstenliebe die Hilfestellung schlecht-hin zur Entwicklung einer stabilen Persönlichkeit. Selbstakzeptanz ist der Schlüssel zur Überwindung der typischen Zweifel der Jugend und Voraussetzung für Erfolg in der Persönlichkeitsentwicklung, der Ausbildung und dem Studium. Wer zu sich steht, tut sich bei allem leichter und kommt mit der Welt eher zurecht. Ist eher gewappnet gegen Fehler und jugendtypische Verirrungen. Das zu vermitteln ist wichtiger, als Jugendliche mit von Menschen entwickelten Glaubensinhalten zu konfrontieren. Das blockiert den Zugang zur Botschaft und zum Botschafter der Nächstenliebe. *Begeistern für die Nächstenliebe* sollte der Inhalt von Religionsunterricht sein ge-mäß der Priorisierung des biblischen Jesus. Laut einer CVJM-Studie haben Jugendliche spirituelle Sehnsucht. Das entspricht auch meiner persönlichen Beobachtung. Warum Woche für Woche Tausende Jugendliche nach Taizé reisen, ist des Nachlesens wert und belegt die Sehnsucht vieler Jugendlicher, die von den Kirchen kaum be-dient wird. Mit der Kinderkommunion oder Konfirmation endet bei den noch Teilnehmenden die Erfahrung mit Glaube und Spiritualität. Das nehmen die Kirchen einfach so hin, weil für sie die religiösen Inhalte erste Priorität haben, die aber nur noch wenige interessieren.

Für den verstorbenen Papst Benedikt z.B. soll die wichtigste Frage des Lebens die gewesen sein, daran zu glauben, dass Jesus der Sohn Gottes ist. Das ist reine, vielleicht auch spannende Glaubens-sache, erreicht de facto aber nur noch relativ wenige. Und natürlich kann man das glauben und auch als Kirche vertreten. Die Frage nach der Existenz Gottes und seines Sohnes ist spannend, und man kann bei Interesse tagelang und mehr darüber philosophieren – nachlesen und nachgehen sogar ein Leben lang. Die Nachfrage bleibt intellektuell ohne Antwort. Glaubenssache eben. Und wer das glaubt, dem kann das möglicherweise bei der Meisterung des eigenen Lebens behilflich sein. Andere interessiert das nicht bzw.

erreicht diese Frage nicht (mehr). Die Welt bringt dieser Glaube deshalb nicht mehr wirklich weiter.

Liest man die letzten Bücher des Joseph Ratzinger (Jesus von Nazareth – Prolog, erster und zweiter Teil) findet man sich in die Gefühlswelt eines katholischen Dorfjungen versetzt, der mit hoher Intelligenz und großem sprachlichen Ausdrucksvermögen ausgestattet versucht, das Naive auf ein intellektuelles Niveau zu heben. Am Ende der Lektüre ist einem klar, dass die Botschaft von der Sohnschaft Jesu eine theologische Konstruktion ist, die sich der Apparat Kirche zur Festigung seiner Macht in vereinfachter Version zu eigen gemacht hat. Aber natürlich darf man das glauben, ohne beschimpft oder belächelt zu werden, wenn man selbst Verständnis dafür hat, dass andere damit nichts anfangen können. Respekt und Verständnis in alle Richtungen.

Ganz rational ohne Glauben: Sohn Gottes, unbefleckte Empfängnis/Jungfrauengeburt, Auferstehung, Himmelfahrt, sitzt zur Rechten Gottes, Mariä Himmelfahrt. Das ist den Menschen von heute nicht mehr wichtig. Wenn man rundfragt, erfährt man, dass das kaum jemand noch so wirklich glaubt. Oder es interessiert einfach nicht mehr.

Manche, fast ausschließlich Ältere, nehmen das alles trotz aller Zweifel irgendwie hin. Könnte ja doch was dran sein. »Möchte darüber nicht tiefer nachdenken, habe ich so gelernt« hört man oft.

Von anderer Seite: »Wer an Gott glaubt und Jesus als seinen Sohn, müsste eine andere Geschichte aufweisen als die katholische Kirche und auch aktuell ein völlig anderes Bild abgeben«. »Und die große Zahl an Missbrauchsfällen und deren Vertuschung ist doch spätestens der Beleg für die Entfernung des Apparates von der Kernbotschaft des biblischen Jesus. Eine Organisation, die so viele Verbrecher in den eigenen Reihen hat, kann nur als schwer krank eingestuft werden«. »Dieser Glaube war doch über Jahrhunderte nur

Mittel zur Macht über Menschen mit Hilfe der behaupteten Nähe zum Sohn Gottes«.

Über Jahrhunderte war das Machtspiel in der Tat erfolgreich. Das mit der Macht scheint sich aber zu erledigen durch den unaufhaltsamen Aufklärungs-, Bildungs- und Emanzipationsprozess der Menschen in der jüngeren Geschichte und der Welt von heute. Die Distanz zu Werten und Regeln, die die Kirchen gesetzt haben, wächst stetig und unverkennbar. Oftmals nicht wegen der Werte an sich, sondern weil sie von der Kirche kommen, einer Organisation, der man kein Vertrauen mehr entgegenbringt.

Das mag man begrüßen oder verurteilen. Dadurch sind die Menschen aber heute nicht schlechter oder besser als zu früheren Zeiten, sondern nur deutlich anders.

Die Kirche braucht einen völlig anderen Auftritt, will sie noch etwas für die Welt bedeuten.

Der biblische Jesus hat wie gesagt laut Neuem Testament das über allem stehende Gebot der Nächstenliebe als Programmsatz in der Welt platziert. Das verbindet man noch immer mit dem Christentum, was auch immer man von dieser Botschaft und dem christlichen Glauben im Übrigen hält. Diese Botschaft hat also, wie auch immer, überlebt. Ist das Zufall? Oder ist das nicht das Faszinosum?

Die christlichen Kirchen leben noch, weil man irgendwie das allen Menschen bekannte Phänomen der Nächstenliebe mit ihnen verbindet und ihnen deshalb noch einen gewissen Wert zumisst; trotz Zweifel oder völligem Unverständnis für deren Glaubensinhalte. Darum schicken z.b. Eltern ihre Kinder so gerne auf christliche Schulen. Ob die besser sind, lässt sich kaum beurteilen. Der Ersatz für möglicherweise fehlende Liebeserfahrung im Elternhaus ist das zweifelsfrei nicht. Aber irgendwie hofft man darauf, dass das für das Leben der Kinder etwas bringt. Christentum hat für viele irgendwie etwas mit Anstand und Benehmen zu tun. »Kann ja nicht schaden«. Durch die Missbrauchsfälle hat aber auch diese Einschätzung signifikant abgenommen.

Intellektuell ist der Wert von Liebe begründbar und nachvollziehbar, einleuchtend und logisch. Die Verbreitung von Nächstenliebe macht die Welt besser; also denklogisch die Formel für Erfolg im Sinne von Fortbestand der Menschheit und einer friedlicheren Welt. »Liebe deinen Nächsten wie dich selbst«?

Es ist nicht leicht, sich selbst zu akzeptieren oder gar zu lieben und dann auch noch den Nächsten. In Zeiten, in denen es einem gut geht, mag das noch relativ leicht umsetzbar sein. Entscheidend ist jedoch, ob diese Einstellung auch in Zeiten schwerer Krisen hält. Kaum jemand wird diese Selbstakzeptanz ein ganzes Leben lang lückenlos durchhalten. Es gibt Zeiten in unserem Leben, in denen man unzufrieden ist, der eigenen Lebenssituation überdrüssig ist, sich benachteiligt, überfordert und vom Schicksal ungerecht behandelt fühlt usw. Dann ist es schwer, auch noch ein Herz für andere zu haben. Zurück zur Akzeptanz ist dann der einzige Weg.

Welche immense Kraft die Selbstakzeptanz hat, beweisen Menschen, die nach schweren Schicksalsschlägen noch Lebensfreude ausstrahlen. Nehmen Sie Menschen, die von heute auf morgen auf den Rollstuhl angewiesen sind. Welche Zuversicht kann man bei solchen Menschen oft erkennen? Sie lassen sich durch das Unabänderliche nicht kleinkriegen. Sehen Sie die benachteiligten Sportler bei den Paralympics, wie sie trotz ihres Schicksals dem Leben über den Sport z.B. einen Sinn geben.

Ganz gleich, was einem Menschen zustößt. Er kann hadern, er kann schimpfen, er kann resignieren – Warum gerade ich? Nur wenn er die Kraft aufbringt, seine Situation zu akzeptieren, wird er das Leben weiter meistern. Das ist brutal, aber leider alternativlos. Denken Sie auch an Stephen Hawking, ein weltweit angesehener Physiker, Astrophysiker und Kosmologe, oder an den erblindeten

Tenor Andrea Bocelli. Trotz ihrer Benachteiligung haben sie ihre Potentiale ausgeschöpft – zum Nutzen der Menschheit.

Ob kleine oder große Schicksalsschläge: Selbstakzeptanz ist der meist alternativlose Rettungsanker zu einem würdevollen Leben. »Trotz allem«! Aber eben viel leichter gesagt als getan.

Man hat natürlich auch das Recht zu resignieren. Das zu respektieren, ist auch ein Akt der Nächstenliebe, ohne an dieser Stelle auf das komplexe Thema *Sterbehilfe* und *Recht auf Selbsttötung* einzugehen. Laut Bundesverfassungsgericht gilt richtigerweise, dass das allgemeine Persönlichkeitsrecht als Ausdruck persönlicher Autonomie ein Recht auf selbstbestimmtes Sterben umfasst. Niemand ist verpflichtet zu leben. Und niemand hat das Recht, das von anderen zu fordern. Der bekannte Psychiater und Theologe Manfred Luetz spricht von einer Krankheit, die den Patienten in den Tod treibt. An dieser Erkrankung sei niemand schuld. Dem kann man sich anschließen.

Bis heute gibt es z.B. in der katholischen Kirche Stimmen, die meinen, Selbstmord sei eine Todsünde, wenn die Kirche auch heute offiziell davon abgerückt ist. Barmherzigkeit heißt es mit Papst Franziskus. Lassen wir doch Gott, sofern es ihn gibt, die Beurteilung. Menschen sollten sich im Sinne der Nächstenliebe zurückhalten und nicht zum Richter machen. Hilfe gewähren und für das Leben werben, das folgt aus der Lehre von der Nächstenliebe, nicht richten.

In meinen Gesprächen bin ich oft der Frage begegnet, ob es sich denn lohnt, ob es wirklich Sinn macht, nach der Jesus-Formel zu leben. Geht das nicht an der Welt, an der Lebenswirklichkeit, so wie sie nun mal ist, vorbei? War der biblische Jesus in Wahrheit und im Ergebnis nicht schlicht ein Verlierer? Und dessen Rat soll man folgen?

Man muss wie gesagt kein Experte für Wahrscheinlichkeitsrechnungen sein, um zu konstatieren, dass die Verbreitung von

Nächstenliebe und Respekt dazu führt, die Welt besser zu machen. Je mehr Menschen das leben, desto besser wird die Welt.

Könnte es also nicht so sein, dass Gott oder eine höhere Macht – wie auch immer – Jesus in die Welt geschickt hat, ihn irgendwie dafür gewonnen hat, der Welt den Schlüssel, den Code, die Formel für ihr Überleben zu bringen?

Auch wenn sie nicht an Gott glauben, ist diese Botschaft nicht – objektiv, rational überdacht – die Erfolgsformel für das Leben der Menschheit, ganz gleich woher und von wem sie kommt? Immerhin findet sich Empfehlung zur Liebe seit der Antike auch in anderen Kulturen und Philosophien der Zeit.

Gegenrede: Reich und mächtig sein um jeden Preis und ohne Rücksicht auf andere, sich daraufhin fast alles leisten und auch kaufen zu können, ist doch viel naheliegender und dem menschlichen Wesen näher. »Schließlich dominieren die Respektlosen in dieser Welt und nicht die ‚Nächstenlieber‘, schauen Sie doch hin«.

Scheint auf den ersten Blick zu stimmen.

Aber:

Sind die Respektlosen in Wahrheit nicht schlicht arme Menschen? Wollen sie im Grunde nicht nur Liebe und Zuneigung erkaufen oder erzwingen? Gier zerfrisst die eigene Seele wie auch Neid und Hass. Wer diese Gefühle wie eine Sucht zulässt, beraubt sich seines eigenen Lebens, seiner eigenen Lebensfreude. Wer sich davon beherrschen lässt, zerstört sein Leben, leidet am Leben, wie reich er auch materiell sein mag.

Der Mafiaboss zum Beispiel mag mit Brutalität und unter Missachtung jeglicher Gesetze einen Swimmingpool voll Geld angesammelt haben. Ist er dadurch glücklich?

In Wahrheit sehnt auch er sich nach Liebe. Er hat jedoch das Zutrauen dazu verloren, sie von anderen freiwillig zu erhalten. Das passt nicht mehr in die Welt, in die er sich hineingelebt hat. Und deshalb will er mit Macht und Geld Liebe erzwingen. Ein hoffnungs-loses Unterfangen.

Die menschliche Seele ist auf Liebe angelegt, vom ersten Tag des Lebens an. Das muss man nicht wissenschaftlich belegen, wird aber durch die bedeutendsten Hirnforscher bestätigt. Das entspricht sicherlich auch dem Empfinden und den Erfahrungen der meisten Menschen – millionenfach ausgedrückt in allen Formen mensch-licher Äußerungsmöglichkeiten – in Literatur, Theater, Filmen und jeder Bekundung von Liebe im Alltag. Liebe ist wohltuend. Zweifels-frei sehnt der Mensch sich nach Liebe.

Ohne Liebe oder gar gegen die Liebe kann man nicht leben. Man gerät in einen Kampf gegen die Schöpfung, gegen das Prinzip menschlichen Lebens, den man nicht gewinnen kann. Liebe ist quasi unauslöschbar in der DNA des Menschen platziert, ist ein Urinstinkt oder eine Art biologischer Instinkt, wie das in der Biologie auf Tiere bezogen heißt, denn jeder Mensch weiß um die Liebe und sei er noch so weit von ihr entfernt.

Millionen Menschen leben ein Leben, das der Jesus-Formel gerecht wird. Das darf man ruhig großzügig interpretieren. Wer im Alltag mit angemessenem Respekt und Verständnis seinen Mit-menschen begegnet, lebt im Sinne der Jesus-Formel. Mehr ist eigent-lich nicht gefordert als Beitrag jedes Einzelnen für eine funktionie-rende friedliche Welt. Dazu muss man kein Christ sein.

Und *Nächstenliebe* bedeutet auch nicht, alles von seinen Mitmenschen hinzunehmen. Das wäre eine realitätsferne Über-forderung. Von Menschen, die einen enttäuscht haben, kann man sich durchaus abwenden. Von Menschen, die bösartig sind, kann man sich natürlich fernhalten. *Distanz halten* ist etwas anderes als *hassen und verabscheuen*. Hass aber ist immer und überall fehl am Platz. Weil Hass nichts Positives bewirkt und die eigene Seele beschädigt.

Für gläubige Christen gilt diese Lebensregel erst recht. Christliches Leben erweist sich im Alltag – eigentlich nur im Alltag. Nehmen wir aus der Bibel dazu das Gleichnis vom barmherzigen Samariter, der einem Hilfsbedürftigen hilft, während andere aus religiösen Gründen jede Hilfe verweigern. Der biblische Jesus verurteilt so Glaubensregeln, die nicht im Einklang stehen mit dem Geist von Liebe und Respekt. Und nur darum geht es beim Christentum. Den Fundamentalisten unter den Christen und den frommen Formalisten genügt das nicht. Den an Macht orientierten Kirchenvertretern natürlich erst recht nicht. Wer an Macht interessiert ist, den stört Nächstenliebe nur. Darum haben die Kirchenleute im Laufe der Zeit Glaubenssätze, Regeln und Vorschriften in die Welt gesetzt, mit denen sie die Botschaft von der dreidimensionalen Liebe verdrängt haben zugunsten des Machtzuwachses der eigenen Organisation. Noch in meinem christlichen Umfeld der 50er Jahre war es schon Sünde, Glaubenszweifel zu haben. Denken verboten. Nicht Nächstenliebe stand im Vordergrund, sondern bedingungslose Verpflichtung auf die Glaubensinhalte der Kirche.

Das hat bei vielen meiner Altersgenossen nachträglich nicht unerhebliche Aggressionen ausgelöst. Die tradierten Glaubensinhalte der katholischen Kirche sind deshalb weitgehend out. Die Sehnsucht nach Liebe aber lebt, jenseits jeder Religion.

Das Leben nach der Jesus-Formel ist eine Empfehlung an alle Menschen; seien sie Atheisten oder Angehörige keiner oder einer anderen Religionsgemeinschaft. Jesus hat nicht gelebt, gepredigt und sich kreuzigen lassen für die Mitglieder der christlichen Kirchen. Seine faszinierende Botschaft gilt allen Menschen auf dieser Welt – damals wie heute. Jesus hat keine Kirche gegründet, er ist allenfalls kausal für deren Existenz – aber auch nicht mehr.

Die Jesus-Formel ist Hilfe für jeden Menschen, ganz gleich was er ist und wo er lebt. Sie ist ein Geschenk für die Welt.

Wer sich selbst akzeptiert und liebt in der Zufälligkeit der eigenen Existenz und zum Nächsten findet, lebt eher ein ausgeglichenes und glückliches Leben. Ihm wird eher Erfolg im umfassenden Sinne des Wortes – Gesundheit, Lebensfreude, friedvolles Leben und auch wirtschaftlicher Erfolg (erfülltes Berufsleben) – zuteil.

Und auch unsere tägliche Arbeit dient dann nicht nur uns selbst. Sie muss keine Last sein. Versteht man sie auch als den eigenen Beitrag für eine funktionierende Welt, fällt sie leichter, stiftet sie mehr Sinn.

Ein Mensch, der das lebt, wird schon deshalb mit größerer Wahrscheinlichkeit Erfolg in diesem Leben haben als andere, weil die Menschen allgemein respektvolles Sozialverhalten honorieren – Ehepartner/in, Familie, Freunde, Kollegen, Vorgesetzte, Mitarbeiter, Kunden, Geschäftspartner (m/w). Man nennt dies auch soziale oder auch emotionale Intelligenz; oder schlicht angemessenes oder auch kluges Sozialverhalten.

Der so erfolgreiche Mensch wird wirtschaftlichen Erfolg auch nicht um jeden Preis anstreben. Und wenn er wirtschaftlichen Erfolg hat, wird er maßvoll und bescheiden damit umgehen, Arme nicht aus dem Blick verlieren und wie auch immer wohltätig sein. Und damit macht er die Welt ein wenig besser.

Zu allen Zeiten und in allen Gesellschaften hat es Arme und Reiche gegeben – und das wird auch so bleiben. Gegen wirtschaftlichen Erfolg (seine Talente zu vermehren) hatte Jesus wohl nichts einzuwenden und er war Freund einer guten Verwaltung der erworbenen Güter. Wovor er warnt, ist Reichtum um jeden Preis und nur zum eigenen Nutzen.

»Eher geht ein Kamel durch ein Nadelöhr als dass ein Reicher
ins Himmelreich
kommt«.

In der Tat. Derjenige, für den Geld alles ist, tut auch alles für Geld. Diese Form von materiellem Erfolg ist mit Jesus nicht zu empfehlen. Solche Menschen verbauen sich den Weg zum »Himmelreich«, zu einem erfüllten und zufriedenen Leben. Sie werden rücksichtslos, vielleicht auch kriminell oder auch nur zu bedauernswerten Sklaven ihres eigenen Geldes. Sie versklaven sich selbst, leben in Angst um ihr Vermögen und vergessen darüber ihre Mitmenschen. Die Weltliteratur und die Welt des Films sind reich an solchen Bildern und Gleichnissen.

Wer Wohlstand erwirbt und nicht verantwortungsvoll damit umgeht, nicht bescheiden bleibt und abhebt in einer Blase von Egoismus und Gier, lebt nicht in der Sonne der Liebe. Er vegetiert dahin im Schatten der Sinnlosigkeit. Vielfach ist brutaler Niedergang die Folge. Warum verfallen so viele nach menschlichem Maßstab erfolgreiche Menschen in Süchte, Ängste und psychische Krankheiten bis hin zum Suizid? Es erübrigt sich, die Berühmtheiten namentlich zu erwähnen, auf die das leider zutrifft beziehungsweise zugetroffen hat. Sie kennen sicherlich etliche davon.

Fazit: Der Schlüssel zu einem glücklichen, zufriedenstellenden Leben ist nach allem, was ich bei anderen gelesen und erfahren und aus eigener gezielter Beobachtung gefolgert habe, in der Tat der Erwerb der Fähigkeit, sich selbst zu lieben, sich zu akzeptieren in der Zufälligkeit der eigenen Existenz. Der Mensch erstarkt so in seiner Persönlichkeitsentwicklung, strahlt Souveränität aus und kommt wie selbstverständlich mit seinen Mitmenschen gut aus.

Das zu leben ist, wie gesagt, gar nicht so einfach. Das ist eine anspruchsvolle Lebensaufgabe, die man jeden Tag lösen muss, sich erarbeiten muss. Muss?

Es ist jedenfalls empfehlenswert, sich mit Disziplin dieser Denkweise zu verschreiben, weil sie ansonsten schnell in schwierigen Zeiten verloren geht beziehungsweise in guten Zeiten als überflüssig erscheint. Ich sollte diesen Anspruch also wachhalten; mir Selbstakzeptanz als Schlüssel für ein gelingendes Leben immer wieder bewusst machen. Mich insoweit immer wieder kritisch hinterfragen. Schauen Sie sich mit mir im Folgenden beispielhaft Personen der Weltgeschichte an. Welche verheerenden Geschehnisse von Menschen ausgelöst werden, die große Machtgier aber keine Nächstenliebe verspüren. Der Schlüssel für eine bessere Welt ist das mutige Eintreten für Nächstenliebe auch dann, wenn es nahezu aussichtslos erscheint. Liebe gegen Macht! Was hat der biblische Jesus anderes demonstriert? Und sein Beispiel ist bis heute zu bekannt und hat eine weltweite Bewegung ausgelöst. Was kann man daraus lernen?

Schauen Sie auf die Erfahrungen, die Sie mit Personen in Ihrem Umfeld machen konnten, die Ihnen vielleicht gezeigt haben, dass fehlende Selbstliebe oft der Grund für schwere Fehler und menschenverachtende Handlungen ist.

Wer sich selbst akzeptiert – auch mit den Schattenseiten der eigenen Existenz – wird weniger schwere Fehler machen, wird mehr Verständnis entwickeln für die Fehler und Schwächen anderer Menschen. Wer erkennt, dass er selbst nicht vollkommen ist, wird akzeptieren, dass die Welt nicht vollkommen ist – nicht vollkommen sein kann. Das macht toleranter und vielleicht sogar auch liebenswürdiger. Wer seine eigene Unvollkommenheit begreift, hat auch die Chance, die Welt besser zu verstehen. Und wer die Welt versteht oder besser versteht als andere, trifft eher auch klügere Entscheidungen – sei es in menschlicher oder auch wirtschaftlicher Hinsicht.

In der anwaltlichen Ausbildung sprechen wir gerne davon, dass man sich das »Hütchen« des anderen aufsetzen sollte, um ihn so besser zu verstehen, um auf diesem Wege zu Lösungen statt zu Streit zu gelangen. In Lösungen denken ist auch eine Form des Respektes.

Ich versuche, den anderen zu verstehen und hinterfrage meine eigene Position – »Wie dich selbst«. *Behandle andere Menschen so, wie du behandelt werden möchtest* ist eine bekannte Handlungsempfehlung in diesem Zusammenhang. Das bedarf einer gewissen menschlichen Größe. Diejenigen, die immer Recht haben wollen, sind zu einer solchen Verhaltensweise nicht in der Lage.

Wer weitgehend verständnisvoll und mit Respekt seinen Mitmenschen begegnet (Wer kann das schon immer?), ist eher in der Lage zu echtem dauerhaften Erfolg. Wer sich dagegen lieblos und selbstherrlich verhält, scheitert früher oder später. Wir brauchen Freunde und die Zuneigung anderer Menschen, um erfolgreich zu sein. Wer einigermaßen erfolgreich durchs Leben geht oder gegangen ist, sollte sich nicht einbilden, dass das allein am eigenen Können und Fleiß liegt bzw. gelegen hat. Die Familie, das Elternhaus, wohlwollende Mitmenschen und glückliche Umstände sollten in dankbarer Erinnerung bleiben, sonst kann man schwere Fehler machen. Und wer sich sogar echte Feinde verschafft, kommt oft durch deren Revanche zu Fall. Niederlagen, für die man selbst die Ursache gelegt hat. Der im Selbstmord geendete Hitler und seine Mord-Kumpanen wähnten sich im tausendjährigen Reich. Die Zeit holt auch den skrupellosen Macht- und rücksichtslosen Erfolgsmenschen ein. Wenn sie bis dahin auch viel Unheil in die Welt gebracht haben.

Liebe dagegen beschenkt. Dem Respektvollen wird fälschlicherweise oft Weichheit nachgesagt. Zum erfolgreichen Leben gehört sicher auch eine gewisse Wettkampfhärte. Liebe und Respekt stehen dazu aber nicht in Widerspruch, wenn das mit Fairness und Anstand verbunden ist. Immer und überall ist das die klügere Verhaltensweise – jedenfalls auf Dauer.

Nächstenliebe und Respekt sind zudem, soweit es einem möglich ist, der Beitrag, den ein Mensch für diese Welt erbringen kann.

Von dem amerikanischen Philosophen Ralph Waldo Emerson (1803-1882) stammt zum Thema Erfolg folgende Aussage (verkürzt):

Wenn auch nur ein Mensch leichter gelebt hat, weil du gelebt hast, ist das Erfolg.

Interessant an diesem Philosophen – ein renommierter Kämpfer gegen die Sklaverei – ist seine Auffassung, dass das Göttliche keine äußere oder höhere Macht ist, sondern dass es in den Menschen hineingelegt ist. Nach Emerson kann der Mensch durch Naturbeobachtung und durch Selbstbeobachtung unmittelbar am Göttlichen teilnehmen.

Irgendwo anders habe ich die Aussage gefunden: *Gott ist in mir, bei mir und reicht mir die Hand. Dabei wirkt Gott durch die Menschen.*

Klingt ihnen zu simpel? Einverstanden.

Bei diesen Aussagen geht es nicht um Glaubensvermittlung und es geht nach meinem Verständnis auch nicht darum, jemand in diesem Sinne überreden zu wollen, an Gott und dessen Existenz zu glauben.

Solche Aussagen sind allenfalls Anregungen zum Nachdenken über die mögliche Existenz einer höheren Macht, die viele eben *Gott* nennen und andere mit der Liebe gleichsetzen.

Um den Wert bzw. die Brauchbarkeit der Jesus-Formel zu erfahren, ist es hilfreich, sie in allen Situationen des Lebens zu nutzen. Immer wenn man etwas zu entscheiden oder zu bewerten hat, sei es im privaten Bereich, sei es geschäftlich, politisch und erst recht im Verhalten der christlichen Kirchen sollte die erste Frage lauten: Ist meine Meinung, meine Entscheidung mit der Jesus-Formel, dem »Prinzip von Liebe und Respekt«, zu vereinbaren? Quasi wie eine

Schablone, wie ein physikalisches Gesetz, sollte man diese Formel immer und überall ansetzen. Ich nenne das »Schablone Nächstenliebe«.

Und schon beantworten sich viele Fragen von selbst und es wird erkennbar, was richtig und was eher falsch ist. Deshalb ist die Jesus-Formel eine Erfolgsformel.

Ich versuche es im Folgenden weiter zu begründen.

DIE CHRISTLICHEN KIRCHEN IM LICHTE DER JESUS-FORMEL.

Als katholisch sozialisierter Mensch bin ich zunehmend entsetzt über die Entwicklung dieser sich auf Jesus berufenden Kirche. Je mehr ich mich im Laufe der letzten Jahrzehnte mit ihrer Geschichte und ihrem Zustand beschäftigt habe, desto größer wurde meine Enttäuschung oder gar Entsetzen. Warum ist das nach Jesus alles überragende Gebot der dreidimensionalen Liebe zu Gott, zum Nächsten und sich selbst in der katholischen Kirche zur Botschafts-Kategorie »unter ferner liefen« verkümmert?

In den letzten Jahren habe ich in Gesprächen mit anderen Menschen wiederholt das Thema *katholische Kirche* bewusst eingebracht. Natürlich kam fast immer zunächst das Thema *Missbrauch*, aber auch die Vokabeln Macht, Geld, dubiose Finanzgeschäfte im Vatikan, Bevormundung, Verdummung des einfachen Volkes, Exzesse von Päpsten, Zölibat, Diskriminierung von Frauen, Unglaubwürdigkeit, Prunk, Klerikalismus und Weltfremdheit ... Alles Ausdruck fehlenden Respektes. Das Ansehen speziell der katholischen Kirche tendiert gegen Null. Und nach meiner Einschätzung wird in Deutschland die Austrittswelle (ca. 356.000 bei 21.6 Mio. Katholiken in 2021, 522.821 in 2022) anhalten, wenn sich nicht Entscheidendes verändert. Bei kaum einem Gesprächspartner habe ich anderes gehört.

Ich habe schon zuvor versucht zu begründen, warum die Glaubensinhalte der katholischen Kirche für die heutige Welt immer wertloser werden. Sie sind mittlerweile von der Welt so weit entfernt wie der erste Buchdruck von der digitalen Welt. Der Markt, das Bedürfnis der Menschen, regelt das gnadenlos. Dagegen ist die Liebe niemals vom Markt zu verdrängen.

Mit ihrem an Macht orientierten Verhalten – trotz skandalöser Geschichte – macht die Kirche (der Vatikan) sich bei vielen nur noch lächerlich. Das ist keine repräsentative Erhebung. Ich habe aber kaum jemanden getroffen – auch nicht bei praktizierenden Katholiken –, der noch großen Respekt vor der römischen Kirche zum Ausdruck gebracht hätte. Sie wird allenfalls noch eingestuft wie ein gelegentlich nützlicher Kulturverein. Gleichwohl sind viele nach wie vor vom Wert der christlichen Botschaft von Liebe und Respekt überzeugt. »Aber bitte nicht in Verbindung mit der Amtskirche, speziell mit ihrer Zentrale in Rom«.

Woran liegt das? Was sollte sich ändern? Woran stoßen die Menschen sich? Ist das nur Zeitgeist oder sind die Gründe tiefergehender? Ist das Ende der Botschaft von Liebe und Respekt in Sicht?

Die Welt braucht nach meiner Überzeugung diese Botschaft. Ohne glaubwürdige Botschafter dieser Lehre besteht aber die Gefahr, dass sie in Vergessenheit gerät. Verschwindet sie, rückt das Ende der Welt ein Stück näher. Noch gibt es Millionen »einfache« Menschen, die christliche Werte hochhalten. Doch die heutige Jugend steht dafür augenscheinlich nicht mehr zur Verfügung. Das könnte dramatische Veränderungen des »Weltgeistes« herbeiführen und gefährlich sein.

Sie dürfen das für übertrieben halten. Ich verweise auf die gigantischen Konfliktpotentiale dieser von Atomwaffen bestückten Welt und die wissenschaftlich begründete Klimakrise wie die erhebliche kriminelle Energie (Kindesmissbrauch, Drogenhandel, Menschenhandel etc.), die in den Gesellschaften unserer Welt steckt. Der Einsatz für inneren und äußeren Frieden und das Klima folgt denklogisch auch aus der Lehre von der Nächstenliebe, wie auch der ausschließlich friedliche Einsatz für diese wichtigen Ziele.

Fragen wir nach.

Können die christlichen Kirchen die Menschen zurückgewinnen? Wie soll das in der heutigen Zeit gehen? Schauen wir in die Geschichte und darauf, was aus ihr zu lernen ist.

Die Kernbotschaft des Christentums kann nicht aufdringlich, durch manipulative Missionierung und erst recht nicht durch Missionierung mit dem Schwert verbreitet werden. Das ist heute Allgemeingut und ist natürlich nicht mit der Liebesbotschaft des Gekreuzigten vereinbar, ein Systembruch. Ist aber über Jahrhunderte geschehen. Aus dem Geschichtsunterricht weiß man das, oder wissen das viele.

Aus dem Religionsunterricht der 50er und auch noch 60er Jahre kennt man die Darstellung des Christentums als Drohbotschaft mit Hölle und Fegefeuer und mit der Anmaßung Roms definieren zu können, was ein gottgefälliges Leben ist. Allen Ernstes wurde gelehrt, dass einem Kind, das ungetauft verstirbt, auf alle Zeit der Himmel versperrt bleibe. Bei mehr als 90% meiner Altersgenossen hat u.a. solche lieblose Rigorosität zu Verachtung und völliger Abkehr geführt. Abkehr oder sogar Verachtung sind entstanden, weil viele es so empfinden, dass sie in ihrer Jugend unterdrückt und manipuliert worden sind. Und auch aus den Gesprächen mit Eltern und Großeltern (Jahrgang 1900 und älter) haben wir von gruseligen Bedrohungen durch Kirchenleute im Beichtstuhl erfahren. Frauen, die schon sechs oder sieben Kinder geboren hatten, seien im Beichtstuhl damit bedroht worden, dass es Sünde sei, ehelichen Verkehr weiter zu »betreiben«, wenn man keine Kinder mehr haben wolle. Und manche, uns namentlich genannte Frauen, sollen danach noch vier Kinder und mehr zur Welt gebracht haben. Älteren katholischen Frauen musste noch bis in die 70er Jahre hinein, und da bin ich Zeitzeuge, von sog. modernen Priestern vermittelt werden, dass ehelicher Verkehr auch ohne weiteren Kinderwunsch erlaubt ist. Solche Macht hat die Kirche über katholische Menschen ausgeübt.

Ein weiterer Grund für spätere Distanzierungen auch vieler älterer, einst kirchennaher Semester, so ca. Jahrgang 1945 ff.

Wenn andererseits das Gedankengut von Respekt und Menschenwürde in viele Organisationen und Gesellschaften dieser Welt Eingang gefunden hat (Menschenrechtserklärung UNO, Staatsverfassungen wie Europäische Verfassung und Deutsches Grundgesetz), dann hat das sicher etwas mit der Existenz des Christentums zu tun. Christlich geprägte Politiker sowie Repräsentanten und Theologen des Christentums haben daran natürlich ihren Anteil. Sie haben bisweilen Gehör gefunden bei den Menschen ihrer Zeit und Wertvolles geleistet.

Aber eines gehört auch zur Wahrheit und darf nicht übersehen werden: Die Entwicklung des Christentums zu purer Machtausübung, Intoleranz und Gewaltbereitschaft ist über Jahrhunderte stetig gewachsen.

Hier sei an die unheiligen sieben Kreuzzüge (11. bis 13.Jahrhundert – geschätzt 1-3 Millionen Tote) – »heilige Kriege« – ebenso erinnert wie an Karl den Großen, der der Sachsenschlächter genannt wird. Hat dieser doch mit großer Grausamkeit über dreißig Jahre hinweg die Einverleibung Sachsens (geografisch etwa heutiges Niedersachsen) in das fränkische Reich und die Christianisierung des sächsischen Volkes durchgesetzt. Die fränkischen Reichsannalen berichten, dass Karl bei Verden 4500 Sachsen hat töten lassen, an nur einem Tag. Der Sachsenschlächter.

Nicht zu ihrer Entschuldigung, aber zum besseren Verstehen muss man die Menschen natürlich auch aus ihrer Zeit heraus beurteilen. Man hatte – wie selbstverständlich – Christ zu sein, sonst war man minderwertig. Zudem haben nicht vornehmlich religiöse, sondern weit mehr machtpolitische Motive jeweils Pate gestanden. Und die Päpste haben dabei jeweils eine gewichtige und antreibende Rolle gespielt. So hat das Christentum schon früh begonnen, den Boden ihrer Kernbotschaft mehr und mehr zu verlassen. Statt Liebesbotschaft grausame Gemetzel und Morde. Viele Gläubige wurden z.B. seinerzeit gelockt mit der Ankündigung, dass allen Kreuzfahrern ihre Sünden erlassen würden und ihnen der Einzug ins himmlische Paradies sicher sei. Von Islamisten und in Zusammenhang mit ihren Attentaten haben wir Ähnliches in jüngerer Zeit gehört.

Es lohnt sich, über die damaligen Zeiten nachzulesen, um zu verstehen, was diese Versprechen mit den Menschen gemacht haben und wer dafür die Verantwortung trägt.

Die Verniedlichung oder das Schweigen zu diesen und anderen Entwicklungen im Christentum – Missionierung mit dem Schwert – ist heute ein Problem des Christentums. Das ist vor der Botschaft von der Nächstenliebe unehrenhaft. Mehr Menschen – vor allem gebildete Menschen – als die Kirchenoberen vermuten, haben das begriffen. Auch daraus ist Distanz zum Christentum entstanden, wenn sie auch nicht immer durch Kirchenaustritte sofort realisiert wurde.

Nicht die römische Performance in Sachen Vermittlung von Liebe und Respekt ist verantwortlich für die noch große Zahl an katholischen Christen in dieser Welt. Die Millionen an der Basis tätigen Menschen in den Pfarreien und Orten gelebter Nächstenliebe – Armenviertel, Notgebiete, Pflege- und Betreuungseinrichtungen aller Art, Caritas und Diakonie – sind die Repräsentanten des biblischen Jesus. Sie erhalten der Kirche noch einen Rest von Respekt, so sie denn noch wahrgenommen werden.

Viele bleiben aber auch aus Tradition oder vielleicht auch z.B. aus der immer noch vorhandenen Angst vor dem Jüngsten Gericht auf dem Papier noch dabei. Diese Angst wurde uns schon in Kindestagen eindringlich vermittelt. Ist aber keine Erfindung des Christentums, sondern ist seit der Antike in vielen Kulturen und Religionen verortet.

Auch in dem im siebten Jahrhundert entstandenen Koran ist vom

Jüngsten Gericht als Ende der Geschichte die Rede. Wer Gottes Gericht in diesem Leben leugnet – so heißt es – verfällt als Ungläubiger in ewiger Verdammnis der Strafe des Herrschers am Tag des Gerichts.

Der Hinweis auf das Jüngste Gericht hat etwas mit Machtausübung zu tun. Zu allen Zeiten ist versucht worden, die Menschen mit solchen oder ähnlichen Ankündigungen zu disziplinieren.

Religion und Macht ist seit jeher, bis in die heutige Zeit, eine typische und unheilige Verbindung (aktuell: Iran, Afghanistan etc.). Durch die Verbindung von weltlicher und kirchlicher Macht wurde allerdings auch der Einzug des Christentums in die Herrschafts- und Gesellschaftsstrukturen dieser Welt erzwungen. Beginnend mit dem römischen Kaiser Konstantin der Große, der dafür verantwortlich gemacht wird, dass der christliche Glaube für alle Bürger des Reiches verbindlich, die christliche Religion zur Staatsreligion wurde (380). Das hat der Verbreitung der christlichen Religion gedient, aber immer weniger der Verbreitung der Lehre von der Nächstenliebe. Wurden zuvor die Christen verfolgt, wurden nunmehr heidnische Kulte unter Strafe gestellt. Wer etwas werden wollte, sollte Christ sein.

Seit dieser Zeit hat das Christentum nach und nach eine Absetzbewegung weg von der Kernbotschaft, von der Nächstenliebe hin zum Instrument für weltliche Macht vollzogen. Im Mittelalter wurde die christliche Kirche in Europa zunehmend zum politischen Machtfaktor und auch zu einer Art Staatsreligion, geprägt von Intoleranz und brutaler Unterdrückung.

Schaut man in die Geschichte des Christentums, erkennt man unschwer diesen Weg zu Intoleranz und oft maßlosem Machtgehabe.

Zur Erfassung dessen lohnt sich eine Befassung mit der Kirchengeschichte und den Päpsten der Kirche.

Vieles hoch Spannende zur Geschichte der römisch-katholischen

Kirche ist geschrieben und gesagt. Man muss es allerdings nachlesen, um die Dimension der Entfremdung der Kirche von der Liebesbotschaft zu verstehen (z.b. Die Päpste – Pötzl/ Salzwedel – Spiegelbuchverlag 2013; Hans Küng – Ist die Kirche noch zu retten – Piper Verlag 2011; Hans Küng – Sieben Päpste 2016). Die äußerst interessante Sichtweise von Theologen und Historikern ist erhellend. Es erklärt einem, wie sich die katholische Kirche in den heutigen Zustand hinein entwickelt hat und welche Bedeutung das z.b. für aktuelle Reformbewegungen in der katholischen Kirche hat. Die römische Zentrale blockt notwendige Veränderungen mit penetranter Selbstherrlichkeit seit eh und je ab. Am aktuellen Reformprozess der deutschen katholischen Kirche (Synodaler Weg) und der Haltung Roms dazu lässt sich das exemplarisch erfassen. Dazu später, verbunden mit einem tieferen Blick in die Fehlentwicklungen speziell der katholischen Kirche.

Befassen wir uns zunächst weiter mit der Suche nach Beispielen vom Wert von Liebe und Respekt und damit, welche Folgen es hat, wenn diese Werte verloren gehen und das Christentum schweigt.

KIRCHE UND NAZI-DEUTSCHLAND

Vielleicht kennen Sie die Vorwürfe gegen den Papst der Nazizeit – Pius XII. 1939-1958 –, der zu den Naziverbrechen bis auf einen einzigen Hirtenbrief geschwiegen haben soll. In dem Theaterstück von Rolf Hochhuth, »Der Stellvertreter«, später auch verfilmt, wird dem Papst vorgeworfen, während des Zweiten Weltkrieges zum Holocaust geschwiegen zu haben, statt ihn zu verurteilen. Der Papst habe sich am Massenmord mitschuldig gemacht, indem er ihn tolerierte. Unabhängig davon, ob man sich diesem harten Urteil anschließen kann. Was der Vatikan damals abgeliefert hat, war inakzeptabel wenig.

Allerdings muss man dem Papst fairerweise zugutehalten, dass er heimlich einige Tausend Juden in Rom erfolgreich vor den Nazis gerettet hat. Allerdings – so wird berichtet – soll es sich dabei um zum Christentum nachweislich Konvertierte gehandelt haben.

Den Hass auf die Juden – »die Mörder Jesu« – haben die christlichen Kirchen über Jahrhunderte nachweisbar gefördert. Wie versteht man das wiederum im Lichte der Berufung auf Jesus?

Als 1933 die Nazis mit Hitler und seinen verbrecherischen Kumpanen an die Macht kamen, lebten in Deutschland 80-90 % Christen. Wie war es da möglich, dass diesem hasserfüllten Menschen so viele freiwillig gefolgt sind und nur wenige zum Widerstand bereit waren?

Und da die katholische Kirche sich in der Nachfolge Christi sieht, hätte deren oberster Repräsentant – »Stellvertreter Christi auf Erden« – alles zur Verhinderung und Beseitigung der Naziherrschaft veranstalten müssen. Er hätte möglicherweise das Leben von Millionen retten können.

Stattdessen hat der Vatikan am 20.7.1933 mit dem Deutschen Reich, nach der Machtübernahme der Nationalsozialisten, das sog. Reichskonkordat abgeschlossen. Zuvor hatte Papst Pius XI. (1922-1939) in mehreren Audienzen Hitler als Vorkämpfer gegen den Bolschewismus gelobt.

Mit diesem Staatskirchenvertrag hat Hitler der katholischen Kirche den Widerstand abgekauft, indem er ihr eine Bestandsgarantie zusagte. Die Freiheit des religiösen Bekenntnisses wurde ebenso garantiert wie der Fortbestand katholischer Vereine sowie der Bekenntnisschulen. Bischöfe hatten gegenüber dem Staat einen Treueeid zu leisten. Geistlichen wurde zudem jede Betätigung in politischen Parteien verboten.

Die Nazis feierten das zu Recht als diplomatischen Erfolg. Das Recht der Kirchen auf Erhebung von Kirchensteuern fand sich im Schlussprotokoll zu Artikel 13.

Es gibt schlüssige Belege von Historikern dafür, dass die Nationalsozialisten in der Folge immer mehr Konkordats-Vereinbarungen brachen. In seiner Enzyklika aus dem Jahr 1937 (»In brennender Sorge«) warf Papst Pius XI. den Nazis Vertragsbrüche und Vertragsaushöhlung vor. Wirkung hat das nach allgemeiner Auffassung nicht erzeugt. Die zahlreichen Verhaftungen und Ausweisungen katholischer Geistlicher ging weiter.

Es wurde in der Enzyklika auch die Rassenpolitik der Nazis deutlich kritisiert. Zu der Verfolgung von Juden aber kein Wort.

Damals Hitler, heute Putin. Beide Diktatoren versprechen sich zu ihrer Zeit einerseits einen Beitrag der Kirchen zur gesellschaftlichen Stabilität, verhöhnen aber die Kirchenleute innerlich ziemlich unverkennbar als in diesem Sinne »Nützliche Idioten«, die man nicht nur mit Zugeständnissen kaufen kann, wie gesehen, wie man sieht (Putin).

Es ist wohl so, dass die Protestanten in größerer Zahl den Nazis näherstanden als die Katholiken. Ein Drittel der protestantischen Pfarrerschaft soll sich bei den »Deutschen Christen« engagiert haben, eine Bewegung, deren Programm für ein »positives Christentum« und einen »bejahenden artgemäßen Christusglauben« stand, eindeutig judenfeindlich war und dem Nationalsozialismus huldigte (Peter Seewald, Benedikt XVI. – 2020).

Fakt ist, dass beide Kirchen in dieser historischen Situation kläglich versagt haben und bis auf einzelne Mutige weitgehend feige und angepasst waren. Das hat damals dazu beigetragen und trägt heute in Russland dazu bei – in welchem Maße auch immer –, dass Menschen in großer Zahl zu Tode kommen. Es ging und geht ihnen um die Existenz von Kirchen und nicht um die Kernbotschaft von der Nächstenliebe. Das ist das Versagen.

Es waren sicherlich mehrheitlich Christen/Getaufte darunter, die dem Jesuitenschüler Goebbels 1943 im Berliner Sportpalast auf die Frage »Wollt ihr den totalen Krieg?« ein fanatisches »Ja« entgegen brüllten. Und Hitler wurde im christlichen Deutschland mit Mehrheit gewählt.

Ohne breiten gesellschaftlichen Widerstand konnten die Nachbarländer überfallen werden, konnte die deutsche Wehrmacht auch gegen die Zivilbevölkerung in den Nachbarländern mit erbarmungsloser Härte und Brutalität vorgehen und konnten Millionen Juden in Gaskammern von deutschen Christen umgebracht werden. Was ist das anders als ein kläglicher Versagen einer Religionsgemeinschaft, deren Maßstab die Nächstenliebe sein soll, wenn die zu ihr Gehörenden bzw. von ihr Unterrichteten zu solchem Verhalten in der Lage sind? Man mag darüber streiten, ob öffentlicher Widerspruch und öffentliche Kritik erfolgreich gewesen wären oder bei Putin erfolgreich sein könnten. Wer das für utopisch hält, sei an die Kraft von Aufständen und Revolutionen erinnert, die jeweils vom Volk ausgegangen sind. Wenn aber selbst christliche Kirchenoberhäupter sich als Unterstützer gerieren oder kuschen oder sich kaufen lassen, woher sollen dann die »einfachen« Menschen die Kraft zum Widerstand holen?

Das Christentum in Deutschland hatte damals offenbar jede Wirkkraft verloren. Der Grund liegt unter anderem sicherlich auch darin, dass seit dem 19. Jahrhundert, seit dem Papsttum von Pius IX (1846-1878), die römische Kirche wieder mal machtbesessen daherkam.

Die Hybris von der Unfehlbarkeit des Papstes und die Verkündung des Dogmas von der unbefleckten Empfängnis Mariens hat damals bei vielen Menschen eine innere Abkehr von der katholischen Kirche ausgelöst. Die deutsche Kirche hat sich seiner Zeit trotz des Unmutes vieler Gläubigen ziemlich wehrlos unterwerfen lassen. Den Glauben vieler Menschen hat das zerstört, wie man bei Zeitzeugen nachlesen kann. Ganze Theologiefakultäten wandten sich gegen das neue Dogma, wurden aber von ihren Bischöfen gemaßregelt (Salzwedel – in: Spiegel Geschichte, Juli 2020).

Damit gerierte die Kirche bzw. Rom sich erneut als eine Organisation, die fast nur noch daran interessiert war, die Menschen zu bevormunden und Macht über sie auszuüben. Machtgier und Narzissmus der Kirchenoberen statt Anwaltschaft für die Nächstenliebe. Das musste sich rächen.

Die große Zahl der Kirchenaustritte heute (2021: 359.338 – 2022: 522652 – Tendenz steigend) hat viele Gründe, ist aber insbesondere auch eine Reaktion auf das klägliche Versagen in Bezug auf die Missbrauchsverbrechen und deren Vertuschung. Dadurch ist vielen Menschen in besonderer Deutlichkeit bewusst geworden, mit welch einer Organisation man es zu tun hat. Diesen, in weiten Teilen skrupellosen Machtapparat will man nicht mehr unterstützen. Kirchensteuer sparen ist auch dabei. Aber Verachtung des Apparats, so habe ich bei vielen herausgehört, war das entscheidende Motiv.

Hinzu kommt natürlich, dass die Glaubensinhalte ohnehin, wie gesagt, so gut wie nicht mehr von Interesse oder nicht mehr bekannt sind. Die Kombination Kirche und Nächstenliebe allerdings ist den meisten noch im Gedächtnis. Deshalb ist das Entsetzen so groß. Die Gründe für die Austritte bei der deutschen evangelischen Kirche in ähnlicher Größenordnung sind möglicherweise etwas anders gelagert. Soll an dieser Stelle aber nicht vertieft werden. Das spricht allerdings dafür, dass die christlichen Glaubensinhalte offenbar nicht mehr von Interesse sind bzw. in der bisherigen Form kaum noch vermittelbar sind.

Jesus war mutig bis ans Kreuz. Wenn dann diejenigen, die sich auf seine Nachfolge berufen, in Zeiten von Angriffskrieg und Massenmord schweigen und bei Auftauchen von z.b. Kindesmissbrauch versagen, dann ist das der Offenbarungseid jeder christlichen Religionsgemeinschaft.

Die katholische Kirche speziell hat nach meiner Einschätzung wie gesagt massiv an Respekt deshalb verloren, weil sie ihre Kernbotschaft sukzessive verunglimpft hat. Gleichzeitig hat sie versucht, die Menschen mit der Anreicherung von Glaubensinhalten zu bevormunden und zu blenden. Und wenn die deutsche katholische Kirche im Lichte dieser Erkenntnis mit dem Synodalen Weg eine neue Darstellung und Ausrichtung sucht, wird sie von Rom ausgebremst. Das geht nicht gut. Dazu später.

Andere Perspektive:

Wenn sich heute eine politische Kraft wie die AfD allen Ernstes auf das christliche Abendland beruft, dann kann sie nur das christliche Abendland meinen, in dem die Botschaft von der Nächstenliebe ausgeklammert ist. Ausländerfeindlichkeit, Fremdenhass und Rassismus stehen im strengsten Gegensatz zum Christentum.

Und dennoch hat dieses Denken in Deutschland zwischenzeitlich wieder eine beachtliche Anhängerschaft gefunden – trotz Hitler und Massenmord im Namen Deutschlands. Und immer noch leben in Deutschland heute Millionen Christen – noch knapp die Hälfte der Bevölkerung, zumindest auf dem Papier. Im Gegensatz zur Nazizeit ist Widerstand gegen dieses Denken heute – trotz nicht zu leugnender Bedrohungen – zumutbar und machbar, auch ohne heldenhafte Auftritte. In den Gesprächen mit beruflichen und privaten Gesprächspartnern kann jeder Farbe bekennen und gefahrlos für friedliches Miteinander, Integration, Liebe und Respekt werben. Das ist unabhängig von jeder Religionszugehörigkeit.

Und auch zum Thema Neo-Nazis sind die Kirchen kaum zu hören, obwohl von denen mittlerweile eine sehr ernsthafte Gefahr für unsere Demokratie ausgeht. Angst, Desinteresse, zu sehr mit sich selbst beschäftigt? Was ist der Grund für diese weitgehende Schweigsamkeit?

Am 22.02.2024 hat sich die Deutsche Bischofskonferenz nunmehr zu AfD und Rechtsextremismus klar positioniert (»nicht wählbar«).

HITLER – NAZIS – HASS

Wie ist so ein Mensch zu erklären? Der wohl größte politische Verbrecher der Geschichte.

Die Gelehrten streiten bis heute – die Literatur ist umfangreich – ob Hitler eine medizinisch objektivierbare Geisteskrankheit gehabt hat. Weitgehend einig – weil historisch belegbar – ist man sich in der Fachliteratur insoweit, dass seine abnorme Persönlichkeitsentwicklung auf seine Kindheitserlebnisse zurückzuführen ist. Körperliche und seelische Misshandlung durch den Vater und das erzieherische Versagen der depressiven Mutter sollen kausal für seine Bösartigkeit, seinen Hass, seinen Narzissmus, seine Aggressivität und seine Zerstörungsleidenschaft gewesen sein.

J.D. Mayer (1963) verglich Stalin und Saddam Hussein mit Hitler und stellte sie diagnostisch auf die gleiche Stufe.

Hitler ist ein Beispiel dafür, wozu Hass gegen sich selbst und daraus folgend auf andere führen kann. Hätte er gelernt, sich selbst zu lieben und zu akzeptieren, hätten Millionen Menschen überlebt.

Menschen, die sich als Nazis bezeichnen oder so auftreten und sich äußern, sind im Sinne der Jesus-Formel arme Menschen – aber leider sind sie oft gefährlich.

Seitdem es Internet gibt, wissen wir sicherer, wie viele arme, hasserfüllte Menschen es gibt – kranke Seelen. Was man früher nur ahnen konnte, wird heute immer mehr erfahrbar. Eine unheilvolle Entwicklung.

Laut Jesus gilt sogar die Empfehlung »Liebet (auch) eure Feinde«.

Hier stoßen unser Verstand und unser Gefühl auf Grenzen. Umsetzbar ist das im praktischen Leben der einfachen Menschen nur so, dass man auch mit Feinden, mit Extremisten, mit Fanatikern, mit

Hasspredigern – wenn es auch nur irgendwie möglich ist – das Gespräch suchen sollte. Das wird vielleicht weitgehend vergeblich sein. Wenn man aber von 1000 auch nur einen vom Hass abbringt, ist das Erfolg.

Vergleichbares gilt auch für die große Politik. Mit Diktatoren und korrupten Herrschern muss man reden und versuchen, auf sie einzuwirken, so mühsam das auch ist. Geduld ist hierbei die wichtigste Kraft. Wie oft folgen auf erfolgversprechende Friedensgespräche herbe Enttäuschungen? Gleichwohl bleibt der Menschheit um ihrer Existenz willen nichts anderes übrig, als es immer wieder mit Geduld zu versuchen. Diplomatische Lösungsversuche sind allemal besser als kriegerische Auseinandersetzungen.

Vielleicht kann man dahingehend die Empfehlung interpretieren, seine Feinde zu lieben. Indem ich mit jemandem rede, bringe ich ihm irgendwie Respekt entgegen, vielleicht auch einen Rest von Verständnis. So kann man am ehesten bei Menschen, die wir als bösartig empfinden, etwas – und sei es noch so bescheiden – erreichen.

Papst Pius XI. hätte das direkte Gespräch mit Hitler suchen sollen, statt nur einen Hirtenbrief zu schreiben (1934) oder 1937 die zuvor beschriebene kritische Enzyklika »Mit brennender Sorge« im sicheren Vatikan zu verfassen. Das Gleiche gilt für Pius XII. Jesus war mutig bis ans Kreuz (ich wiederhole mich insoweit gerne). Warum waren zwei Päpste, die sich auf seine Nachfolge berufen, so mutlos oder auch feige? Hitler hätte es nicht gewagt, sie ans Kreuz zu schlagen. Sicherlich hätte es aber etwas gebracht, Herrn Hitler unerschrocken und öffentlichkeitswirksam entgegenzutreten. Und sei es noch so unwahrscheinlich, dass sie Großes erreicht hätten. Den Versuch hätten die Päpste machen müssen.

Abwegig? Wer weiß? Liebe und Respekt in Kombination mit Mut können gelegentlich auch entzaubern. Lassen wir uns diese

Hoffnung. Bei Jesus schien sein Vorgehen im Kampf um Nächsten-liebe und Respekt zunächst in Form seiner Kreuzigung gescheitert zu sein. Die Zeit danach hat gezeigt, dass er dadurch Großes für die Welt bewirkt hat.

DONALD TRUMP

Einen solch selbstherrlichen Politiker hat die Welt noch selten gesehen; allerdings nicht auf eine Stufe zu stellen mit Hitler – zur Klarstellung. Und der wird 2024 möglicherweise noch einmal antreten. Gott bewahre Amerika und die Welt davor.

Nach alldem, was man über ihn liest, hält er Respekt und Nächstenliebe für Schwäche.

Nicht nur von seiner Nichte und in deren Buch wird Donald Trump als krankhafter Narzisst beschrieben, vor dem die Welt Angst haben müsse. In der FAZ vom 5.6.2020 liest man:

»Amerika könnte einen Landesvater gebrauchen, der Trost spendet und Zuversicht verbreitet. Doch im Weißen Haus sitzt ein Narzisst, der nur mit einer Person mitfühlt, sich selbst.«

Mary Trump, Nichte von Donald Trump und promovierte klinische Psychologin, ist mit ihrer Einschätzung in bester Gesellschaft. Zahlreiche Autoren kommen zum gleichen Ergebnis. Wer die Auftritte von Donald Trump im TV verfolgt hat, kann sich der Einschätzung dieser Autoren wohl anschließen. Die Bewertungsergebnisse zusammengefasst mit den Worten von Mary Trump:

»Ein hochgradiger und verunsicherter Narzisst, psychisch verunstaltet von einem herrisch und soziopathisch auftretenden Vater«.

Dieser arme Mensch scheute nicht einmal davor zurück, einen Journalisten mit erkennbarem Handicap öffentlich nachzuäffen. Dieser hatte kritisch über ihn berichtet.

Ein Narzisst kennt nur sich. Kritik verträgt er nicht. Er mag nur die, die ihn bewundern, er verachtet die, die ihn kritisieren.

Donald Trump gab sich zu seiner Amtszeit als Christ aus und soll in großer Zahl (zu 80 %) von den rechtskonservativen Evangelikalen in Amerika unterstützt worden sein.

Dabei soll Christentum für Evangelikale auf einer persönlichen, bewussten Entscheidung für den christlichen Glauben beruhen und einer persönlichen Beziehung zu Jesus Christus, die auch im Alltag Auswirkungen auf das persönliche Handeln haben muss.

Hört sich gut an. Müsste aber eine völlig andere Performance erzeugen.

Folglich hätten sie sich von Donald Trump abwenden müssen, der alles andere als christliche Werte verkörpert hat. Eine Blamage für Amerika. Und immer noch ist seine Anhängerschaft groß – trotz Stürmung des Kapitols und der gegen ihn laufenden Verfahren, die auf hohe kriminelle Energie hindeuten.

Ein Großteil der Evangelikalen bietet ein Beispiel für frommen Formalismus ohne Substanz. Das war zu sehen, zu hören und zu lesen. Ihre immer wieder artikulierte Intoleranz ist das Gegenteil von Nächstenliebe.

Vielen Evangelikalen geht es nach allem, was man liest und vernimmt, um Stellung in der Gesellschaft (wir Gutmenschen) und vielen ihrer Protagonisten um Macht über Menschen und teils auch um eigene Bereicherung mittels religiöser Aktivitäten. Allerdings darf man nicht verkennen, dass es heute auch eine Vielzahl von Bewegungen und Initiativen bei den weltweit zu findenden evan-gelikalen Kirchen gibt, von eher linksgerichteten, sozialorientierten bis hin zu bedeutsamen feministischen Aktivistinnen sowie solche, die sich in Umweltfragen engagieren »zur Erhaltung der Schöp-fung«. Wenn man dem nachgeht, gewinnt man den Eindruck, dass das Erscheinungsbild der Evangelikalen heute vielfältiger und internationaler geworden ist – bestehend aus einer Vielzahl von unabhängigen, organisatorisch nicht miteinander verbundenen Organisationen. Gibt ein wenig Hoffnung.

Doch die Grundüberzeugung von Liebe und Respekt gegenüber jedermann wird nach meiner Beobachtung nur von einer Minderheit ins Spiel gebracht. Vielfach hat man sich das Christentum für eigene Zwecke und Interessen zurechtgelegt. Dazu gehört auch, dass Evangelikale sowohl in den USA als auch in anderen Ländern – vor allen Dingen auch in Südamerika – erheblichen Einfluss auf die Politik der jeweiligen Staaten nehmen bzw. das versuchen. Und fast überall stehen sie an Seiten der Rechtskonservativen, der Autoritären, der Reichen und der Intoleranz.

Mit der Botschaft des biblischen Jesus hat das wenig gemein. Dabei berufen sich alle Evangelikalen auf die Autorität der Bibel. Die Stellen, an denen Jesus von Liebe und Barmherzlichkeit, Unterstützung der Armen und Schwachen gepredigt haben soll, haben sie wohl geschwärzt. Das ist nicht nachzuvollziehen und ein Indiz für die bewusste, an den eigenen Interessen orientierte Manipulation der christlichen Botschaft.

Dass 80 % aller Evangelikalen in den USA seinerzeit Trump gewählt haben sollen und in großen Teilen auch noch bis heute unterstützen, ist ein Beleg für den bedenkenlosen Verrat an der Botschaft des biblischen Jesu.

WLADIMIR PUTIN

Man kann es kaum glauben. Da veranlasst ein russischer Präsident den Angriff auf das Nachbarland Ukraine und lässt zu, dass Tausende Menschen dabei brutal ermordet, verletzt und vergewaltigt werden. Stellt dieser Mensch sich nicht vor den Spiegel und fragt sich: Was bin ich für ein Mensch? Wie kann es sein, dass mich Tod, Leid und Not anderer Menschen kaltlassen? Und derselbe Putin, nach eigenen Angaben getauft, zeigte sich in der Osternacht 2022 in der Moskauer Erlöserkirche mit einer brennenden Kerze in der Hand; das christliche Symbol für Leben und Frieden. Welch ein Zynismus.

Sicherlich wurde er vom Widerstand der Ukraine überrascht und ist nun nicht bereit, den Krieg zu beenden. Ein solcher Gesichtsverlust ist mit seinem Selbstverständnis nicht zu vereinbaren, auch wenn das Tausende von Menschen das Leben kostet. Ein Narzisst, der im wahrsten Sinne des Wortes über Leichen geht und sich gleichzeitig als gläubiger Christ präsentiert. Eine Verhöhnung der Botschaft des biblischen Jesus.

Was man so über Putin liest, ist möglicherweise wiederum aufschlussreich in dem Sinne, dass ausbleibende Liebe oder die Erfahrung von Lieb- und Respektlosigkeit seitens der Mitmenschen – besonders in der Jugend – einen Menschen psychisch verunstalten kann.

Putin wurde 1952 im heutigen St. Petersburg geboren. Er und seine Eltern sollen in extremer Armut gelebt haben. Als Kind war er häufig allein, weil seine Eltern ums Überleben kämpfen mussten. Sein Vater soll im Krieg unter den Nazis sehr gelitten haben und wurde zudem schwer verletzt.

Bevor Wladimir Putin geboren wurde, verloren seine Eltern zwei Kinder.

Sein Vater und seine Mutter mussten wohl hart arbeiten, um die Familie über Wasser zu halten. Ihren Sohn sollen sie stundenlang allein im Mehrfamilienhaus gelassen haben, wo er angeblich von den anderen Kindern gemobbt wurde (nau.ch). Andererseits soll er sich oft mit Gleichaltrigen geprügelt haben (Wikipedia unter Hinweis auf seine Autobiografie, deren Korrektheit allerdings teilweise bestritten wird) – lebte er doch in seiner Jugend zum Großteil unter den Straßenkindern aus seinem Viertel. Dort musste man sich wehren können.

Sein Vater soll sehr streng mit ihm gewesen sein, er soll ihn auch regelmäßig körperlich gezüchtigt haben. Das soll aber damals in Russland nichts besonders gewesen sein. Anders jedoch seine Mutter, sie soll sehr milde mit ihm gewesen sein.

Nach dem Tod der Geschwister sollen seine Eltern ihr einziges überlebendes Kind aber auch vergöttert und bedingungslos verwöhnt haben. Als Jugendlicher wurde er Leningrader Stadtmeister im Judo und erhielt nach eigenen Angaben mit etwa 18 Jahren den so genannten schwarzen Gürtel.

Nach seinem Jurastudium ging er zum russischen Geheimdienst. Schon als Jugendlicher soll er davon geträumt haben, ein Spion zu werden. Er soll auf riskante Actionspiele gestanden haben. Diese habe er als Vorbereitung für zukünftige Heldentaten für das Mutterland betrachtet.

Lassen wir diese Aussagen über Putin so stehen. Fakt ist jedenfalls, dass er sich offenbar zu einem eiskalten Machtmenschen entwickelt hat. Der ihm nachgesagte Narzissmus dürfte, wie das häufig der Fall ist, u.a. auf tiefsitzenden Komplexen beruhen. Selbstverliebtheit entsteht auch, wenn man das Gefühl hat, man werde nicht geliebt oder auch nicht respektiert. Zum eigenen Schutz entsteht dann häufig diese Charaktereigenschaft. Daraus ergibt sich, dass der »arme Mensch« für sich selbst und für Russland den nach seiner Auffassung fehlenden Respekt erzwingen will.

Wieder einmal ist erkennbar, dass Hass sich da breitmacht, wo die Liebe fehlt.

Bemerkenswert ist auch, dass Putin ein enges und sogar als freundschaftlich beschriebenes Verhältnis zum Moskauer Patriarchen Kyrill haben soll (Neue Zürcher vom 14.3.22). Auf der einen Seite verdankt die russisch-orthodoxe Kirche ihre Wiederbelebung dem Präsidenten Putin. Heute besteht eine unheilige Machtallianz. So hat Kyrill am 6. März 2022 in einer Predigt in Moskau versucht, den Krieg gegen die Ukraine als einen nicht nur physischen, sondern metaphysischen Kampf gegen westliche Werte zu rechtfertigen (Focus). Als Kräfte des Bösen hat er die Feinde Russlands bezeichnet.

Patriarch und Präsident sollen davon träumen, Russland zu alter Größe zurückzuführen.

Die russisch-orthodoxe Kirche braucht Putin nach Einschätzung seines Patriarchen als Garant für die eigene Machtposition und Bedeutung, die man unter Putin wiedererlangt hat. Und Putin braucht die Kirche, um seine eigene Macht von ihr absegnen zu lassen zwecks Überzeugung der russischen Bevölkerung. Bisher scheint das Spiel gelungen.

Das ist Kollusion zu Lasten der christlichen Botschaft – wiederum Verrat am Christentum.

Würde der Patriarch stattdessen Putin öffentlich mahnen und würde er ihm die Botschaft von Liebe und Respekt – auch öffentlich – vorhalten, könnte das entscheidenden Einfluss auf Herrn Putin haben. Doch das Oberhaupt einer christlichen Kirche verdankt seinen persönlichen Reichtum – angeblich Milliardär – dem Diktator. Und er hat keine Skrupel, die Botschaft, für die er kraft Amtes steht, brutal zu verraten.

In diesem Zusammenhang ist allerdings auch zwingend erforderlich, dass der Papst der Katholiken sich öffentlich und deutlich zu

Wort meldet und seinen christlichen Bruder unmissverständlich an die Botschaft des biblischen Jesus erinnert. Das würde mit Sicherheit große Wellen schlagen und auch der russischen Bevölkerung nicht vorenthalten werden können. Wie ein Schutzschild sollte er sich zudem vor die bedrohten Menschen in der Ukraine stellen. Er sollte immer wieder dorthin reisen, allen Risiken zum Trotz. Appelle, ohne die Verantwortlichen beim Namen zu nennen, reichen nicht. Der Papst der Katholiken muss Kyrill öffentlich bloßstellen. Das würde als Sensationsmeldung um die Welt gehen. So etwas braucht es, weil man mit Diplomatie unverkennbar nicht weiterkommt.

Die aktuellen diplomatischen Bemühungen des Vatikans sind ehrenwert, aus den genannten Gründen aber zu wenig.

Und so geht das Sterben weiter – Tag um Tag.

Ich wiederhole mich. Jesus war mutig bis ans Kreuz. Etwas von diesem Mut sollte der Papst aufbringen, wird er doch als Stellvertreter Christi auf Erden von seiner Kirche bezeichnet.

Ich wage zu behaupten:

Patriarch und Papst könnten mit einem hohen Grad an Wahrscheinlichkeit einen gewichtigen Beitrag zur Beendigung des Krieges erbringen, würden sie nur ein wenig von dem Mut aufbringen, den der biblische Jesus, auf den sich beide berufen, vorgelebt hat. Sie könnten vor der ganzen Welt demonstrieren, was es heißt, ein Christ zu sein. Und wenn nicht jetzt, wann dann? Sie könnten nicht nur der Welt helfen, sondern auch die Botschaft des Christentums nachhaltig wiederbeleben. Mit gutem Beispiel vorangehen ist die stärkste Form der Überzeugung.

So sehr ich Papst Franziskus schätze. Was er in diesen Zeiten macht, ist wie gesagt zu wenig. Öffentliche Appelle und diplomatische Bemühungen reichen nicht, um einen machtbesessenen und skrupellosen Despoten wie Putin zu erreichen. Er muss mindestens darum kämpfen, dass Patriarch Kyrill Herrn Putin aus christlicher

Überzeugung die Unterstützung entzieht. Tacheles reden unter christlichen Kirchenführern ist das, was man erwarten darf. Und diese Mission sollte der Papst öffentlich machen. Er muss im Sinne der Menschen in der Ukraine Kyrill I. öffentlich unter Druck setzen, von Christ zu Christ. Kirchenpolitische und diplomatische Rücksichtnahme ist nicht mehr angebracht. Zum Christentum gehört es, die Wahrheit auszusprechen und für Frieden, ohne Wenn und Aber, einzustehen. Darauf wartet die Welt. Das braucht die Welt, jetzt.

Und zu Putin: Stellt der sich nicht mal vor den Spiegel, schaut in seine eigenen Augen und fragt nach »Kann ich verantworten, dass wegen mir und meiner Machtsucht seit Monaten Tausende Menschen sterben?«. So einfach fragen von Mensch zu Mensch.

Wie krank muss seine Seele sein?

Er hat den Krieg einmal begonnen und kann nicht zurück. Daran hindert ihn sein Narzissmus. Warum hilft ihm der Patriarch nicht mit der Kernbotschaft seiner Kirche?

RASSISMUS

Können Sie intellektuell nachvollziehen, warum ein Mensch andere Menschen grundsätzlich und insgesamt nicht mag, die eine andere Hautfarbe, eine andere Kultur haben oder die man aufgrund anderer Merkmale anders empfindet als man sich selbst sieht? Welche Störungen müssen in der Psyche von solchen armen Menschen bestehen?

Mit Jesus hat jeder Mensch Anspruch auf Liebe oder zumindest Respekt. Die Würde des Menschen ist Basis seiner Existenz. Sie zu achten ist Voraussetzung für den Erhalt der Menschheit, ist geistiges Weltkulturerbe erster Güte.

Jesus hat das wie gesagt auf die Spitze getrieben mit der Empfehlung gar zur Feindesliebe. Reduziert man das auf das dem Menschen Mögliche, heißt das: Respektiere auch deine Feinde oder versuche sie zumindest zu verstehen, und – wenn möglich – versuche mit ihnen ins Gespräch zu kommen oder höre ihnen zu. Natürlich gibt es da Grenzen, wo Menschen – trotz gutem Willen auf meiner Seite – keine Verständigung wollen – um keinen Preis.

Gleichwohl bleibt der Rat zur Feindesliebe denklogisch ein kluger Rat. Seine erfolgreiche Umsetzung zieht sich durch die Geschichte der Menschheit. Immer wieder mal wurden aus Feinden Freunde, aus Gegnern Verbündete. Und siehe da, plötzlich erkennt man Gutes an dem ehemaligen Feind und sieht die Angehörigen einer ganzen Nation plötzlich mit anderen Augen.

Oder wie oft widerfährt es uns, dass wir einen Menschen, den wir noch nicht wirklich kennen gelernt haben, für einen Idioten halten. Und auf einmal kommen wir irgendwie mit ihm ins Gespräch und stellen fest: Ist eigentlich ein ganz netter Mensch. In dem habe ich mich aber getäuscht.

Das lehrt: Man sollte sich, wenn immer möglich, mit jedem Menschen auf einen Dialog einlassen. Das macht immer wieder Sinn; erfahrungsgemäß allerdings wenig bei den extrem Verbohrten.

Und so ganz nebenbei: Aufnahmebereitschaft und Integration werden auch ökonomisch über das Schicksal der Länder in Europa entscheiden. Wir brauchen aus ökonomischen Gründen dringend Zuwanderung. In ein Land, in dem viele hasserfüllte Menschen leben, werden aber Menschen aus anderen Ländern nicht übersiedeln. Auch nicht, wenn sie offiziell eingeladen werden.

Und wir werden auch angesichts von Hunger und kriegerischen Auseinandersetzungen die großen Migrationsströme auf Sicht nicht eindämmen können. Liebe und Respekt sind auch insoweit dringend von Nöten. Abneigung und Hass erzeugen nur gefährliche Konflikte. Neid und Hass ist immer erbärmlich und zerstörend sowie extrem unklug. Sie erzeugen Feindschaften, die den Frieden in einer Gesellschaft schwer beschädigen können. Liebe und Verständnis erzeugen dagegen Freundschaften – und die machen das Leben leichter.

Allerdings muss man nicht nur von Migranten erwarten, dass sie unser Rechtssystem – von der Verfassung geprägt – achten und respektieren. Dazu gehört z.B. insbesondere auch die Achtung der Frauen und die Absage an Antisemitismus. Und auch das Zurückziehen in mehr oder weniger kriminelle Clan-Strukturen ist nicht akzeptabel. Hier muss der Rechtsstaat klare Grenzen setzen. Nächstenliebe und Respekt bedeuten nicht, anderen alles durchgehen zu lassen.

Der Rechtsstaat muss rote Linien setzen. Er ist eine Errungenschaft aus dem Geist von Respekt und Menschenwürde. Er schützt vor allem die Bürger und Bürgerinnen vor Ungerechtigkeit, Willkür und Diskriminierung. Dies alles steht in einem logischen Zusammenhang mit der Botschaft von der Nächstenliebe.

Das gilt natürlich auch für das Asylrecht. Nicht-Berechtigte zurückzuschicken ist prinzipiell richtig, ohne an dieser Stelle die Problematik dieser komplexen Thematik zu vertiefen. Die Hetz-Attacken mancher AFD-Politiker sind aber nicht vertretbar und schlicht unwürdig. Diese Menschen können einem nur leidtun ihrer Lieblosigkeit wegen. Erfahrungsgemäß wird das Leben es ihnen heimzahlen. Dauert manchmal.

Wie halbwegs intelligente und gebildete Menschen rechtes Gedankengut in Deutschland verbreiten können, schockiert. Die Nazis haben im Namen Deutschlands millionenfach schwerste Verbrechen begangen. Wie kann man als zivilisierter Mensch ausblenden, welche Gefahr angesichts dessen in rechtem Gedankengut steckt? »Habt ihr den Verstand verloren?« kann man da nur fragen. Wollt ihr unsere Welt und die unserer Kinder und Kindeskinder erneut in Gefahr bringen?

Nehmen wir die Frontfrau der AfD, Alice Weidel. Sie darf und will als lesbische Frau nicht diskriminiert werden, hat aber kein Problem damit in öffentlicher Rede im Bundestag junge, zugereiste Männer pauschal zu verunglimpfen. Für sich selbst den Schutz deutscher und europäischer Verfassung und Grundrechte in Anspruch zu nehmen und diese Freiheit dann auszunutzen, um Hass gegen andere zu verbreiten, ist schäbig. Wenn man nur ein wenig seinen Verstand einsetzt und rational statt emotional/ideologisch urteilt, dann kann man die Zusammensetzung unserer Bevölkerung, so wie sie ist, zunächst nur akzeptieren und versteht, dass das, selbst wenn es wünschenswert wäre, nicht von heute auf morgen zu verändern ist. Das ist ein politisch hochkomplexer Prozess. Gefährlich wird es für den Frieden, wenn man das Gift von Hass und Verachtung in die politische Auseinandersetzung einbringt. Das Asylrecht ist unantastbar und verfassungsfest. Über Vermeidung von zu Recht unerwünschter Zuwanderung und Abschiebung nicht Bleibeberechtigter sachlich, ohne jede Form von Diskriminierung zu diskutieren, ist legitim. Wer aber zu Recht hier lebt, genießt den Schutz unseres Rechtsstaates und ist vor Diskriminierung zu schützen. Migrationshintergrund ist rechtlich und menschlich ohne jeden Nachteil zu bewerten. Und wenn die ehemalige AfD-Größe Gauland die Nachbarschaft des Nationalspielers Boateng 2016 als unzumutbar markierte (»Keiner will ihn als Nachbarn«), dann kann man sich als Bürger dieses Landes nur schämen.

Um wieviel leichter wird der politische Diskurs, wenn die Beteiligten Respekt und Anstand in die Auseinandersetzung einbringen. Um wieviel leichter lassen sich Lösungen entwickeln, wenn eine Gesellschaft sich mit weit überwiegender Mehrheit auf Respekt und Anstand verständigt.

Auch hier. Nächstenliebe als Erfolgsrezept zur Lösung gesellschaftlich schwieriger Probleme. Ganz rational und logisch: Der Wert von Nächstenliebe ist unschlagbar (Schablone Nächstenliebe).

FROMMES LEBEN / CHRISTLICHE ORDEN UND MISSBRAUCH

Nicht nur im Christentum, sondern zum Beispiel auch im Buddhismus ziehen sich Menschen in klösterliche Strukturen zurück. Macht das Sinn? Bringt das die Welt weiter? Ist das eventuell ein Beitrag zur Verbesserung der Welt? Kann man von dort aus z.b. die christliche Botschaft von der Nächstenliebe der Welt vermitteln oder neu beleben?

Jesus soll laut dem Evangelisten Markus gesagt haben: Geht hinaus in die ganze Welt und verkündet das Evangelium allen Geschöpfen. Dies ist eine Aufforderung zur Verbreitung des Gedankens der Nächstenliebe in der Welt.

Zweifelsfrei sind von den großen Klöstern teilweise heftige geistige Impulse ausgegangen. (Und ohne das an dieser Stelle zu vertiefen: keineswegs aber nur solche im Geiste der Nächstenliebe, sondern häufig vor allem auch im Interesse des Machterhalts der katholischen Kirche)

Ein beeindruckendes positives Beispiel ist der Begründer des Franziskanerordens, Franz von Assisi. Es gibt ein an die Substanz gehendes Gebet, das ihm zugeschrieben wird:

Herr, mach mich zu einem Werkzeug deines Friedens;
dass ich liebe übe, wo man hasst;
dass ich verzeihe, wo man beleidigt;
dass ich verbinde, wo Streit ist;
dass ich die Wahrheit sage, wo Irrtum ist;

dass ich Glauben bringe, wo Zweifel droht;
dass ich Hoffnung wecke, wo Verzweiflung quält;
dass ich Liebe entzünde, wo Finsternis regiert;
dass ich Freude bringe, wo der Kummer wohnt.

Herr, lass mich trachten,
nicht dass ich getröstet werde, sondern dass ich tröste;
nicht dass ich verstanden werde, sondern dass ich verstehe;
nicht, dass ich geliebt werde, sondern dass ich liebe.
Denn wer dahingibt, der empfängt;
wer sich selbst vergisst, der findet;
wer verzeiht, dem wird verziehen;
und wer stirbt, der erwacht zum ewigen Leben.

Soweit ein Auszug aus diesem bemerkenswerten Gebetstext. Er hat mit Sicherheit Menschen zum Nachdenken gebracht und bei vielen mit Sicherheit etwas ausgelöst.

Dieser Text hat die Menschheit ein bisschen weitergebracht. Darum geht's.

Wer viel betet und meditiert und daraus Erkenntnisse zieht, sollte sie an seine Mitmenschen weitergeben oder sich auf andere Weise in den Dienst der Mitmenschen stellen. Lichtgestalten der Nächstenliebe wie Mutter Teresa, von den Missionarinnen der Nächstenliebe, Kalkutta, sind ein Beispiel für die Welt. Doch wer hat schon diese Kraft?

Aber natürlich hat ein Mensch das Recht, sich betend und sogar schweigend in ein Kloster zurückziehen, aus welchen Gründen auch immer. Ob das aber ein guter Weg ist und sich immer die Richtigen dort einfinden, darf angesichts der Missbrauchsskandale bezweifelt werden.

Mit »Geht hinaus in die Welt« hat der biblische Jesus vielleicht auch nicht unbedingt gemeint, geht ins Kloster und zieht euch betend zurück.

Die nicht zu begreifenden Verbrechen in und um Klöster und Orden (in jüngerer Zeit: Kinderheim Speyer; Benediktinerabtei Meschede; Jesuiten-Gymnasium in Berlin; Aloisiuskolleg der Jesuiten in Bonn; Klosterinternat der Benediktiner im oberbayerischen Ettal; Benediktinerabtei Aachen- Kornelimünster, ehemals mit Realschule und Internat – siehe auch bei katholisch.de »Missbrauch in den Orden«, 2020) bis hin zum tausendfachen Kindesmissbrauch in Kanada an indigenen Kindern sind ein Beleg dafür, dass diese Form von religiösem Eifer, klösterliches Leben, offenbar Menschen psychisch verunstalten kann. Aus der umfangreichen Literatur zum Missbrauch und zur Misshandlung von Kindern in und um Klöster lässt sich schließen, dass diese Verbrechen weltweit und seit Jahrhunderten geschehen sind. Dazu gehört auch der seit Jahrzehnten verbreitete, bewiesene sexuelle Missbrauch von Nonnen durch Kleriker und Ordensleute, den Papst Franziskus 2019 öffentlich bestätigt hat (siehe auch »Gottes missbrauchte Dienerinnen« – Doku HD Arte).

Menschen, die ihre Position in Kirche und christlichem Orden zum systematischen Missbrauch einsetzen, u.a. auch unter Ausnutzung des Gehorsamsgelübdes der Nonnen (wie von Betroffenen berichtet), sind Täter besonders gemeiner Art. Wie kann das sein?

Nach solch zutiefst beschämenden Vorkommnissen gehört alles auf den Prüfstand und hinterfragt. Ordensleute haben damit in gröbster Weise die Liebesbotschaft des biblischen Jesus »demoliert«. Sie haben damit dazu beigetragen, den christlichen Glauben nahezu irreparabel zu diskreditieren – durch schwere Verbrechen!

Wie kann es sein, dass Ordensfrauen ihnen anvertraute Kinder pädophilen Priestern zuführen? Was soll das für ein Gott sein, zu dem sie angeblich täglich beten?

Ist klösterliches Leben in der bisherigen Form menschlich und christlich noch zu rechtfertigen? Sind lebenslange Verpflichtung zu Armut, Keuschheit und Gehorsam (!) nach diesen Erfahrungen noch vertretbar? Was macht das mit den Menschen, dass so etwas passieren konnte? Wo sind die Antworten? Wo ist die Wiedergutmachung? Wo ist die Aufarbeitung?

Das alles macht einen fassungslos. Unterstellt man, dass die meisten Ordensleute aufrichtige Christen sind, stellt sich sofort die Frage, wieso der Missbrauch nicht jeweils unterbunden und bekämpft wurde. Da stimmt etwas nicht in den Systemen oder macht Ordensleben naiv und blind.

Sich in den Dienst seiner Mitmenschen zu stellen, auch darum geht es bei der Aufforderung *Liebe deinen Nächsten wie dich selbst*. Dabei geht es nicht um Heldentum. Mutter Teresa hat bis zur Ehrung mit dem Nobelpreis unbemerkt von der Welt den Ärmsten der Armen geholfen. Respekt und tiefste Verneigung verdienen die Ordensleute in den Elendsvierteln der Welt, wenn sie auch einen Kampf gegen Windmühlen zu kämpfen scheinen; denn die Welt schaut weg.

Und auch die Ordensleute in Pflegediensten, Schulen und Waisenhäusern verdienen höchsten Respekt, wenn sie denn diesen Dienst mit Liebe und Respekt versehen. Die immer wieder auftauchenden Missstände aber sind ein Beleg dafür, dass frommes Leben gewaltig misslingen kann oder Triebtäter und Pädophile sich in Klöstern verstecken können.

Während meiner Schulzeit berichteten Freunde, die im klösterlichen Internat waren, von Züchtigungen und liebloser Strenge. Ein Pater soll regelmäßig mit seinem Gürtel auf Schüler eingedroschen haben. Kein Einzelfall. Und warum haben die Mitbrüder nicht eingegriffen? Man versteht es nicht.

Missbräuche und Misshandlungen durch unzählige Vertreter christlicher Einrichtungen. Muss man sich da noch wundern über die Degeneration christlicher Werte? Darüber, dass immer mehr Menschen der Kirche den Rücken zuwenden? Und das ist für die Welt nicht ohne Bedeutung.

Natürlich, auch außerhalb der christlichen Botschaft gibt es Empfehlungen zur Nächstenliebe. Das bestätigt ihre Bedeutung und der Wert der christlichen Liebesbotschaft für die Welt. Der römische Philosoph Seneca (1-65 n. Chr.), Anhänger der so genannten stoischen Philosophie, wählte die Formulierung:

Lebe für andere und du lebst glücklich.

Für die Stoiker gab es drei wesentliche Lebensregeln, nämlich Selbstbeherrschung, Gelassenheit und Zuversicht. Seneca:

Willst du geliebt sein, liebe,
arbeite, als wenn du ewig leben würdest,
liebe, als wenn du heute sterben müsstest,
für einen anderen musst du leben, wenn du für dich selbst leben willst,
der Weise ist zur Hilfe für die Gemeinschaft geboren und zum allgemeinen
Wohl.

Wertvolle Erkenntnisse ohne Klosterleben.

Vor einiger Zeit habe ich im Schweizer Fernsehen ein Interview mit einem französischen Naturwissenschaftler gesehen, der in ein buddhistisches Kloster eingetreten ist.
Für ihn beinhaltet ein wesentlicher Teil des Buddhismus die Auffassung, dass der Mensch altruistisch sein soll und nicht egoistisch.

Besonders originell ist das nicht im Licht der bekannten Botschaft des biblischen Jesus – aber zutreffend.

Die Hinweise auf den Wert der Liebe ziehen sich wie ein roter Faden durch die Geschichte der Menschheit – vom Altertum bis heute.

Warum sind Liebe und Respekt in dieser Welt gleichwohl noch zu wenig prägendes Element menschlichen Zusammenlebens? Und warum versagen gerade die, die vorgeben, in besonderer Weise für das Christentum einzutreten? Warum ziehen solche Menschen das Christentum in den Dreck? Diese Fragen bedürfen der Beantwortung.

Darum geht es, wenn diese Welt überleben will. Krieg, Unterdrückung und Ausbeutung, aber auch Rücksichtslosigkeit im Alltag und gegenüber der Umwelt sind Formen von Lieblosigkeit, die das Ende dieser Welt beschleunigen. Die Wiederbelebung der Botschaft von Liebe und Respekt dagegen ist das Gegenmittel, die entscheidende Ressource zur Versöhnung der Menschen mit sich und der Schöpfung. Doch wo sind ihre untadeligen Botschafter? Die christlichen Orden fallen wohl aus.

Wenn man aus frommem Leben die Kraft schöpft, geistige Impulse im Sinne der Nächstenliebe in die Welt zu tragen, dann kann solches Leben einen Sinn machen. Bis auf die Auftritte einiger weniger prominenter Ordensleute kommt von dort nach meiner Wahrnehmung seit vielen Jahren aber viel zu wenig. Warum? Ist Klosterleben nur ein sinnloser Egotrip (vermeintlich) in Richtung liebem Gott, ohne Wert für die Welt? Öffentliches Beten und Singen eine Show ohne echten christlichen Gehalt?

Beim Missbrauch geht es u.a. um Verbrecher in Kutten und Ordenskleidern. So brutal sich das auch anhört, das ist die Realität. Und dem muss man schonungslos nachgehen, will man solches Unrecht in Zukunft – soweit das möglich ist – vermeiden. Wer die

Erfahrung gemacht hat, missbrauchten Menschen zuzuhören, weiß, dass sie ein Leben lang darunter leiden. Ihr Leben gleichsam zerstört worden ist und sie durch ihre Traumatisierung ein Leben lang große Probleme mit sich und ihren Mitmenschen haben. Missbrauch ist so eine Form der Vernichtung von Leben.

Wie lässt sich das erklären? Auch in den christlichen Ordensgemeinschaften sind die Wertvollen und der Nächstenliebe Verbundenen sicherlich in der Mehrzahl. Warum konnten die Verbrechen dennoch geschehen?

Ich bin nicht in der Lage, das zu verstehen. Der Wert von christlichen Ordensgemeinschaften ist daraufhin allerdings in Frage zu stellen. Stehen die Gehorsamsgelübde etwa de facto über der Botschaft des biblischen Jesus? Also erst einmal Solidarität gegenüber der eigenen Gemeinschaft und erst dann kommt das Christliche? Wie gesagt, ich verstehe das nicht. Nicht der christliche Gott ist der Maßstab, sondern der von Menschen geschaffene und von Menschen beherrschte Apparat? Ist das die Erklärung?

Demut und Nächstenliebe sind übliche Ordensregeln.

Nicht wenigen Ordensleuten ist nach meiner beruflichen und ehrenamtlichen Erfahrung die Kraft verloren gegangen, die Liebesbotschaft des biblischen Jesus überzeugend zu vermitteln. Viele wirken unglücklich in der Enge ihrer gewählten Lebensform, der sie schon aus wirtschaftlichen Gründen nahezu hilflos ausgeliefert sind. Viele lässt die Alternativlosigkeit resignieren. Ich habe einigen von ihnen zugehört und versucht damit zu helfen.

So wertvoll Ordensgemeinschaften für die Welt sein könnten, sie sterben jedenfalls in Westeuropa aus, weil ihnen der Nachwuchs fehlt. Vielleicht liegt das an fehlenden Visionen im Hinblick auf die Verbesserung der Welt im Sinne der Botschaft des biblischen Jesus. Vielleicht auch an nicht mehr zeitgemäßen Freiheitseinschränkungen der Angehörigen und der Form lebenslanger Verpflichtung durch

Gelübde. Und vielleicht haben sich auch zu viele problembeladene Menschen in die Klöster zurückgezogen.

Ordensgemeinschaften, neben Pflege und Nothilfe, als Denkfabriken für die Verbreitung der Nächstenliebe, das könnte es sein. Warum dann nicht Mitwirkung auf Zeit? Wer nicht mehr kann, darf gehen. Entspricht das nicht eher der Botschaft von der Nächstenliebe?

Vielleicht liegt es auch daran. Gott, sofern man an seine Existenz glaubt, setzt nach Jesus nicht auf öffentliche Beterei.

»Wenn du aber betest, so gehe in dein Kämmerlein und schließe die Tür zu und bete zu deinem Vater im Verborgenen; und dein Vater, der in das Verborgene siehet, wird dir's vergelten öffentlich«.

Ordensleben also eine Form von ungesunder Übertreibung?

Ich habe aber auch Ordensleute getroffen, die nach meinem Eindruck im Ordensleben wirklich aufgehen. Ich habe sie als Zufriedenheit ausstrahlende Menschen erlebt; Menschen von beeindruckender Klarheit und Souveränität, soweit man das von außen beurteilen kann.

Auch hier. Akzeptanz der eigenen Lebenssituation als Lösung? Oder durch tätige Nächstenliebe dem Leben einen Sinn geben. Mutter Teresa als leuchtendes Beispiel. In den Elendsvierteln der Welt findet man noch solche Menschen. Woher sie ihre Kraft nehmen, kann man aus der Ferne nicht beurteilen.

Gleichwohl: Die Welt braucht aus meiner Sicht nicht mehr Frömmigkeit – definiert als die innere, durch Vertrauen und Gebete gekennzeichnete Haltung des Menschen vor Gott – sondern mehr seriöse Anwaltschaft und Einsatz für Nächstenliebe. Das sollte in heutiger Zeit goldene Ordensregel sein. Die Propheten und Jesus sollen warnen vor einer rein innerlichen oder vor einer nur kultisch orientierten Frömmigkeit unter Zurücksetzung der Nächstenliebe (Herder-Korrespondenz – Schlagwort Frömmigkeit). Diese

Darstellung scheint mir nach meinem Verständnis der Stellung der Nächstenliebe beim biblischen Jesus schlüssig.

Und sich durch ein Gelübde für sein ganzes Leben einer von Menschen geschaffenen Organisation zu verpflichten, passt das noch in unsere Welt? Erst recht, wenn man erfährt, dass der dort verlangte Gehorsam systematisch von geweihten Personen missbraucht worden ist?

Liebe lässt los. Hat ein Mensch das Recht, einen anderen Menschen zum Gehorsam zu verpflichten und lebenslang zu binden? Wer gehen will, muss der nicht gehen können mit angemessener Entschädigung für sein Wirken?

Das Argument, so könne ein Orden nicht funktionieren, ist nicht überzeugend.

Es gibt Tausende Organisationen, die ohne Gehorsam und lebenslange Bindung funktionieren. Muss Nächstenliebe nicht aus der Freiwilligkeit kommen und nicht aus organisatorischem Zwang – auch wenn ein freiwilliges Gelübde der Ausgangspunkt dafür war?

Man kann diese kritische Position natürlich für unangemessen und respektlos halten. Dieses Recht steht jedem Leser zu. Schiedsrichter ist jedoch die Realität. Die Ordensgemeinschaften sterben mangels Nachwuchses aus. Kaum jemand lässt sich offenbar heute noch auf dieses Leben und solche lebenslangen Verpflichtungen ein. Man kann die Welt und den Zeitgeist dafür verantwortlich machen.

Wer überleben will, sollte den Zustand der Welt nicht beklagen, sondern Antworten auf die Fragen der Zeit finden im Lichte der Botschaft von Liebe und Respekt. Und die Orden haben verdammt einiges gut zu machen nach ihren Beschädigungen der biblischen Botschaft. Darauf hat nicht nur die christliche Welt einen Anspruch.

Fazit: Jahrzehnte meines Lebens hatte ich höchsten Respekt vor klösterlichem Leben. Heute bin ich wie viele entsetzt darüber, dass gerade christliche Ordensleute tausendfach die Botschaft von der Nächstenliebe verraten haben. Wie wollen sie das gut machen? Orden befinden sich in einer exponierten Position in der Gemeinschaft der gläubigen Christen. Wenn selbst Ordensleute, die den Eindruck erwecken, besonders herausragend in der Tradition der christlichen Nächstenliebe zu stehen, solchen Verrat begehen, wie soll dann die Botschaft des biblischen Jesus für die Welt erhalten bleiben? Wie gestaltet sich die Wiedergutmachung?

Es geht in erster Linie um die angemessene Entschädigung der Opfer.

Darüber hinaus sollten die Orden, wenn sie denn weiter existieren wollen, neben Überprüfung ihrer Ordensregeln sich zur Wiedergutmachung an nachhaltigen Sozialaktionen beteiligen – z.b. gemeinsam mit der katholischen und evangelischen Kirche, mit Caritas und Diakonie, ein großes Sozialwerk aufbauen zur Bekämpfung der Kinderarmut und zur Verbesserung der Bildungschancen dieser Kinder.

Viele wohlhabende Menschen sind zu großzügiger Unterstützung der Armen und Benachteiligten, vor allem auch Kinder, bereit. Man kann auch nicht alles dem Staat und der Politik überlassen. Mit einem großen Sozialwerk – im Schulterschluss mit den sehr Wohlhabenden in unserem Land – könnte man dem Christentum bei uns einen neuen Sinn geben. Gelebte Nächstenliebe unter Einbeziehung möglichst vieler Menschen unter Aufbringung großer eigener und nicht überwiegend staatlicher Mittel als die neue große Aufgabe der Kirche und ihrer Orden.

Caritas und Diakonie leisten wertvollste Arbeit für die Ärmsten der Armen und sozial Bedürftige. Und die dort Tätigen verdienen hohen Respekt. Finanziell beruht das aber fast ausschließlich auf Einsatz staatlicher Mittel.

Die katholische Kirche verfügt über gigantische Vermögen und immer noch erhebliches Kirchensteueraufkommen, und auch die meisten Orden besitzen große Vermögen. Beide sind deshalb in der Lage, allein aus den Erträgnissen, ohne die Substanz anzugreifen, einen erheblichen Beitrag für ein solch großartiges Sozialprojekt zu leisten. Kirchensteueraufkommen endlich in großem Stil einsetzen für ein solches Sozialwerk. Die Aufgabe der christlichen Kirchen in diesem Sinne neu zu interpretieren und zu gestalten, ist die einzige Überlebenschance der christlichen Kirchen.

Farbe bekennen in Sachen Nächstenliebe heißt die Wiedergutmachung, damit der Wert des Christentums wieder erkennbar wird. Kirchensteuer zu zahlen für ein solch überragendes Engagement sind nach meinen Gesprächserfahrungen viele Menschen bereit, aber nicht mehr zum Prunk und Nutzen für eine selbstherrliche, männerdominierte und Gottesnähe vortäuschende Organisation. Gleichzeitig würde dadurch den christlichen Kirchen bei uns eine neue Wertschätzung zukommen. Kirche fast ausschließlich als Institution gelebter Nächstenliebe. Weg mit den Bischofsmützen und Talaren, hin zu Demut und Bescheidenheit. Zurück zur Kernbotschaft des biblischen Jesus mit aller Konsequenz. Jesus hing in Lumpen am Kreuz und seine Nachfolger wandeln im Prunk. Damit ist es schon bald vorbei. Es sei denn, es kommt der Turn around.

Auf ein solches Zeichen wartet nicht nur die christliche Welt.

Und nicht ein *Weiter* so und hoffen, dass Gras über die bösen Geschichten wächst. Das wäre eine weitere verantwortungslose Beschädigung der Botschaft des biblischen Jesus.

Man kann das Geschehene nicht ungeschehen machen. Aber man kann gegen das Vergessen und zur Wiedergutmachung Leuchttürme für gelebte Nächstenliebe errichten.

UMWELTAKTIVISMUS

Bemühungen zur Verbesserung der Umwelt hat es gemäß meinem Erleben ab den 1950er Jahren ständig gegeben. Leider aber von heute aus betrachtet wohl nicht genug.

Gleichwohl. Unsere Flüsse und Bäche waren damals verschmutzt, unsere Autos waren Dreckschleudern und unsere Industriebetriebe spuckten unaufhaltsam und ungefiltert Staub aus hohen Türmen. Fuhr man vom Rheinland ins Ruhrgebiet, geriet man in eine Nebellandschaft von Industrieabgasen.

Als Kind habe ich oft den LKW-Fahrer meines väterlichen Betriebes begleiten dürfen. Jedes Mal, wenn wir ins Ruhrgebiet bei Duisburg reinfuhren, war ich entsetzt über die dortige Verdunklung durch Industriesmog. Demgegenüber ist die heutige Luftsituation dort die eines Luftkurortes.

Es gilt aber nicht zu verkennen. Weltweit ist die industrielle Situation seit Beginn der Industrialisierung (ca. Mitte 19.Jahrhundert) explodiert wie auch der Bestand von Maschinen, Industrieanlagen und Kraftfahrzeugen aller Art.

In der ganzen Welt strebt man nach materiellem Wohlstand, was zwangsläufig zur Erhöhung der Produktion, zu einem höheren Bedarf an Energie und Ressourcen aller Art und damit zu einer ständigen Zunahme der Belastung der Umwelt führte und führt.

Die Weltbevölkerung umfasste im Januar 2022 circa 7,95 Milliarden Menschen. Die Vereinten Nationen erwarten 2050 etwa 9,7 Milliarden Menschen auf dem Globus. Diese gigantische Weltbevölkerung muss ernährt werden und will allgemeinen Wohlstand erreichen. Gleichzeitig wird Umweltbelastung Null angestrebt bei den CO_2-Emissionen.

Die Bundesrepublik Deutschland erzeugt circa 2 % der

weltweiten CO_2-Emissionen. Das Weltklima kann aber nur entlastet werden, wenn gemäß den Pariser Klima-Beschlüssen alle Staaten ihre CO_2-Emissionen annähernd auf null zurückfahren.

Aber wie soll das gehen? Die reichen Länder müssen Milliarden in den Umweltschutz investieren und die armen Länder brauchen Milliarden von den Reichen, um ihrerseits Beiträge zum Umweltschutz leisten zu können. Das geschieht aber bisher nicht bzw. nicht ausreichend.

Während viele z.b. ihre Kohlekraftwerke abschalten, werden unter anderem in China und Indien neue gebaut. Und es wird realistischerweise kaum möglich sein, auf diese sich ständig ausweitenden Volkswirtschaften von uns aus Einfluss zu nehmen.

Das Thema ist viel zu komplex und die finanziellen Dimensionen so gewaltig, dass es keine einfachen und keine ad-hoc-Lösungen gibt. Hier ist weltweite Überzeugungsarbeit gefragt. Dazu bedarf es Geduld und Sachlichkeit. Und »am deutschen Wesen soll die Welt genesen« geht auch hier nicht, selbst wenn man der Meinung ist, es ist »fünf vor zwölf«. Das gilt auch für deutsche Politiker in den Foren dieser Welt. Freunde suchen und mit gutem Beispiel vorangehen. Das macht die Welt auch in Sachen Klimaschutz ein wenig besser.

Ungeduld und erst recht Aggressivität erzeugen Widerstand. Je mehr die einen gegen SUVs wettern, werden sie von den anderen gekauft. Und wenn die »letzte Generation« mit ihren strafbaren Klebeaktionen den Verkehr in großen Städten zum Erliegen bringt, erzeugt sie Unverständnis und macht Mitmenschen des Themas Umweltschutz überdrüssig. Zudem wirken die Aktionen eher selbstdarstellerisch als lösungsorientiert und altruistisch.

Durch sachlich fundierte geduldige Überzeugungsarbeit und vor allem auch durch technologische Innovationen ist das Weltklima zu retten. Hier kann die Industrie-Nation Deutschland auf der einen Seite mit gutem Vorbild vorangehen und auf der anderen

Seite ökonomischen Erfolg erzielen. In dieser Kombination kann das rohstoffarme Deutschland den Wandel in eine umweltgerechte Gesellschaft am wahrscheinlichsten erfolgreich gestalten – Stichworte: Windkraft und erneuerbare Energie, Wasserstoff und Kernfusion, Batterietechnik und Entwicklung von Batteriezell-Produktionen. Investitionen in Milliardenhöhe werden auf den Weg gebracht.

Das darf allerdings nicht als Ausrede dienen für klimaschädliches Verhalten des Einzelnen oder eines Landes. Auch die kleinen Maßnahmen des Einzelnen, einzelner Betriebe und die industriellen Umstrukturierungen eines jeden Landes sind von großem Wert. Aber die ganze Welt muss mitziehen. Sonst sind das Tropfen auf den heißen Stein.

Wir dürfen für Deutschland nicht die ernsthafte Gefahr übersehen, dass unser Land seine Konkurrenzfähigkeit verliert durch zu hohe Stromkosten und Energiekosten, wie sich das jetzt am Ukraine-Krieg zeigt. Mit Rohstoffen sind wir naturgemäß nicht gesegnet.

Durch billiges Einkaufen auf dem Weltmarkt, vor allen Dingen auch in China und Taiwan, haben wir uns in weitere gefährliche Abhängigkeiten hineinmanövriert.

Deutschland lebt von einer großartigen, weltweit anerkannten, technologisch ausgerichteten Industrie und dabei insbesondere auch ganz wesentlich vom Maschinenbau und von der Produktion und dem Export von Automobilen und Automobil-Technologie. Es kann dahinstehen, ob das gut oder weniger gut ist. Es ist Realität. Würden wir diese Situation rigoros verändern, würde die deutsche Wirtschaft einen massiven Rückgang erleben. Und selbst wenn es theoretisch ginge, wäre das ein Prozess von langer Dauer (Jahrzehnten). Ein starker wirtschaftlicher Niedergang wäre eine große Gefahr für unsere Demokratie. Schon immer war in der Geschichte wirtschaftlicher Niedergang Nährboden für Radikalisierung und kausal für Kriege und Auseinandersetzungen. Die Katastrophe mit und um den Massenmörder Adolf Hitler hätte ohne den wirtschaftlichen Niedergang in Deutschland damals – mit hoher Wahrscheinlichkeit – nicht stattgefunden.

Es ist schlicht nicht möglich, die deutsche Industrie oder auch nur die deutsche Autoindustrie schnell und signifikant zu reduzieren. Wohlstand fällt nicht vom Himmel wie Strom nicht aus der Steckdose kommt. Wir müssen nicht die Autos abschaffen, sondern als Autobauernation solche Autos bauen, die so weit wie möglich CO_2-neutral sind, und deren Strom (Elektroautos) mit geringen Emissionen erzeugt wird. Die Autoproduktion wird weltweit weiter steigen. Wenn wir sie nicht bauen, machen das andere. China ist schon kräftig dabei. Individualverkehr ist eine Errungenschaft der Menschheit und nur sehr moderat ersetzbar. Er ist, in welchem Maß auch immer, unverzichtbar in unserer Zeit auf der ganzen Welt. Nicht nur in den industriellen Massengesellschaften Europas, sondern vor allem auch in den ländlichen Regionen der ganzen Welt ist er von existentieller Bedeutung.

Es geht insgesamt in dieser Welt um die möglichst schnelle Entwicklung ressourcenschonender Technologien. Aber ohne industrielle und technologische Entwicklung können wir die Welt nicht erhalten und auch nicht ernähren. Und die Technik hat – schaut man in die Geschichte – schon immer wieder zur Lösung gravierender Zukunftsprobleme geführt. Warum soll das diesmal anders sein?

Wirtschaftlich betrachtet ist Umwelttechnologie ein Markt. Und wenn man genau hinschaut, tut sich dazu in der deutschen Industrie und weltweit vieles. Ob genug, kann ich nicht beurteilen. Aber alles braucht seine Zeit. Hoffentlich nicht zu viel.

Wenn man eine bestimmte politische Entwicklung oder auch wirtschaftliche Entwicklung erreichen will, gehört bei redlicher Motivation und Absicht dazu, möglichst alle so genannten Interdependenzen zu beachten. Andernfalls besteht die Gefahr, dass man irreparable Domino-Effekte auslöst. Weder realitätsferne Schwärmerei noch eindimensionale Argumentation bringen die Lösung – nicht Ideologie, sondern realitätsorientierte Rationalität bringt der Welt Lösungen.

Wie heißt es: Schon zu oft haben die, die versprochen haben, die Welt zu verbessern, sie in eine Hölle verwandelt. Deshalb ist Vorsicht geboten bei emotional orientierten Protestbewegungen, so verständlich sie auch zunächst sein mögen. Die Radikalen und die, die Randale machen um der Randale willen, bringen die Welt nicht weiter. Sie schaden nur. Zu ihnen sollte man Distanz wahren.

Bei größeren Protestbewegungen besteht immer die Gefahr, dass Aktivisten aus dem Gefühl der Machtlosigkeit heraus sich radikalisieren. Die Baader-Meinhof Gruppe, die für 34 Morde verantwortlich gemacht wird, ist seinerzeit als das radikale Nachfolgekonstrukt aus der 1968er-Protestbewegung der Studenten gegen das westdeutsche Wertesystem hervorgegangen. Als damaliger Student habe ich das hautnah miterlebt. Die Anliegen der Protestler waren in Teilen nachvollziehbar und berechtigt (»Unter den Talaren, Muff von 1000 Jahren«). Die Radikalisierung aber wurde schnell spürbar und war bald nicht mehr aufzuhalten, mit dem bekannten Ende. Und in sog. Kommunen gab es böse menschliche Entgleisungen (»Viele sexuelle Tabus wurden gekippt und die Pädophilie gleich mit« – Jürgen Lemke, Psychotherapeut). Und manche von denen, die mit der Mao-Fibel durch die Uni rannten (weil es »in« war), fuhren wenige Jahre später mit dem Porsche durch die Stadt zur Demonstration ihres wirtschaftlichen Erfolges. Die Erziehung zu kritischem Denken war damals gymnasialer Standard. Dass das aber in alle Richtungen gehen muss, hatten damals viele vergessen.

»Übereifer schadet nur« ist eine dazu passende Lebensweisheit.

So ist aktuell (2023) aus den in Teilen wahrscheinlich harmlosen Protestlern gegen die Corona-Politik die Bewegung der sog. Demokratiefeinde entstanden, die das Feindbild der »Eliten im Staat« entwickelt haben. Es geht diesen Menschen um die Delegitimierung unseres demokratischen Rechtsstaates. Es handelt sich um offenbar geschichtsvergessene Eiferer, die mit Verschwörungsmythen operieren und unsere Demokratie gefährden. Und wieder das ähnliche Phänomen. Was vielleicht nur aus berechtigter Sorge begonnen hat, entwickelt sich zu einer für andere Menschen gefährlichen Bewegung.

Was hat das mit unserem Thema Nächstenliebe zu tun? Mit Nächstenliebe und Respekt ist solches Verhalten nicht vereinbar. Aber darum geht es bei der Bewertung von »von Hause aus« legitimen Bewegungen. Das sollten auch unsere meist sehr jungen Umweltaktivisten im Auge halten. Radikalisierung entfremdet den Einzelnen von allgemein geltenden Spielregeln und diskreditiert beste Anliegen.

Setzt man auch beim Thema Umwelt die »Schablone Nächstenliebe« an, wird man keine Zweifel an der Bedeutung des Themas haben. Aber gleichzeitig wird man auch Rücksicht auf die Situation anderer Menschen nehmen, z.b. auf von Umstrukturierung betroffenen Menschen in Form verständnisvoller Abwägung und behutsamen Vorgehens. Echter und nachhaltiger Erfolg geht nicht mit Respektlosigkeit. Jedenfalls ist das in Demokratien so, das zeigt deren, am Weltmaßstab gemessen, junge Geschichte.

Gleiches gilt für die Form des öffentlichen Auftretens. So ist es z.b. Aufgabe der Polizei, Menschen in ihren Rechten zu schützen und rechtsstaatlich abgedeckte Entscheidungen und deren Umsetzung zu ermöglichen. In unserem Rechtsstaat haben ausschließlich staatliche Organe die Legitimation, physische Gewalt auszuüben oder zu legitimieren (Gewaltmonopol des Staates). Ohne das kann eine Massengesellschaft nicht funktionieren. Das dürfte sich jedem vernunftbegabten Menschen erschließen. Aus diesem Grund

und unter dem Aspekt von Liebe und Respekt verbietet es sich deshalb, Polizisten und Polizistinnen, die diese unverzichtbare Aufgabe übernommen haben, zu attackieren und zu beschimpfen. Das sind Menschen in Uniform, aber auch Eheleute, Mütter, Väter und Kinder. Sie haben Anspruch auf Respekt; nicht, weil sie eine Uniform tragen, sondern weil sie unsere Mitmenschen sind.

Sie zu provozieren, ist ein bekanntes Muster aus der 68er-Bewegung. Die Protestler wurden explizit dazu angehalten, um anhand deren Reaktion zu zeigen, in welch autoritärem Staat man lebt. Diesbezüglich ist es auf der anderen Seite unstreitig, dass in einem Rechtsstaat die Polizei nur mit angemessenen Mittel agieren darf.

Und mag mein Anliegen noch so edel sein. Es berechtigt mich nicht zu Gewalt und Respektlosigkeit gegenüber anderen Menschen, die sich rechtskonform verhalten. Mein Recht hört auf, wo das legitime Recht anderer verletzt wird. Auch der ggf. gute Zweck heiligt keine unredlichen Mittel.

Mit respektvollem Sozialverhalten erreicht man in der Lebenspraxis erfahrungsgemäß mehr als durch radikales »Durchpeitschen« der eigenen Auffassung. Dauerhaft wird nur ein ebenso beharrliches wie geduldiges Festhalten an Verständnis und Respekt die Welt wirklich weiterbringen. Wir müssen um das Verständnis anderer Menschen ringen und nicht versuchen, ihnen unsere Meinung aufzuzwingen. Das führt zu nichts Gutem. Wenn das Weltklima gerettet werden soll, dann muss die Liebe mehr Platz einnehmen und es muss mehr Menschen geben, die sich dafür überzeugend, glaubwürdig, beharrlich, aber friedlich einsetzen. Ob man dabei noch auf die christlichen Kirchen setzen kann, wird an anderer Stelle kritisch hinterfragt. Aber auch bei diesem Thema sind die christlichen Kirchen in dem zuvor aufgezeigten Sinn gefragt. Klimaschutz als Akt der Nächstenliebe im Bunde mit Sinn und Verstand.

MILITÄR/PAZIFISMUS

Kriegerische Auseinandersetzungen bringen Tod und Leid. Das gilt auch bei reinen Verteidigungskriegen. Heißt das bedingungsloses Nein zu Militär und Waffen? Oder anders gefragt: Ist mit der Empfehlung zu Nächstenliebe und Respekt das »Nein« zum Militär bereits beschlossene Sache? Braucht ein Land Militär? Oder sind die besseren Menschen im Sinne der Nächstenliebe die, die sich als Pazifisten bezeichnen in dem Sinne, dass sie jede kriegerische Auseinandersetzung ablehnen? Sogar das Vorhalten von Militär für ethisch nicht vertretbar halten?

Im Zuge der 68er-Revolution in der BRD gab es den Spruch: lieber rot als tot. Bei Hitlers Propagandaminister Goebbels hieß es noch: lieber tot als rot.

Unterwerfung durch Krieg durchzieht die Geschichte der Menschheit. Die Anfangserfolge der deutschen Wehrmacht zu Beginn des Zweiten Weltkrieges waren unter anderem darauf zurückzuführen, dass die Nachbarstaaten militärisch unterlegen waren. Das hat zunächst Millionen von Menschen in den Nachbarländern das Leben gekostet und später die Menschen in Deutschland in historisch unvergleichbarer Härte und Dimension.

Nehme ich also alles hin oder darf ich trotz Bekenntnis zur Nächstenliebe wehrhaft sein?

Von oder über Einstein habe ich folgende Aussage gelesen:

»Bis 1933 habe ich mich für die Verweigerung des Militärdienstes eingesetzt. Als aber der Faschismus aufkam, erkannte ich, dass dieser Standpunkt nicht aufrechtzuerhalten war, wenn nicht die Macht der Welt in die Hände der schlimmsten

Feinde der Menschheit gelangen soll. Gegen organisierte Macht gibt es nur organisierte Macht. Ich sehe kein anderes Mittel, so sehr ich es bedaure«.

Einstein verfolgte die Idee der Welt-Regierung. Er »träumte« davon, dass die souveränen Staaten dieser Welt ihre Macht an diese höhere Instanz abgeben. Nach seiner Vorstellung sollte es eine supranationale Organisation mit ausreichender Macht und mit Polizeigewalt ausgestattet geben. Sie sollte sich auf ein von allen akzeptiertes Weltrecht stützen.

Aber: Wer soll diese Weltregierung kontrollieren?

Die Römer sagten: Wenn du den Frieden willst, bereite den Krieg vor.

Rainer Grell (schreibender Ministerialrat a.D. aus Baden-Württemberg) lieferte 2016 die Aussage: Pazifisten sind Menschen, die andere für sich kämpfen lassen.

Man erkennt unschwer: Pazifismus ist ein schwieriges Thema. Da es um Frieden geht, sollte man allerdings nicht unversöhnlich darüber diskutieren. Zur Nächstenliebe gehört zwingend der Respekt vor der Meinung der anderen.

Wie schon gesagt, bei Jesus heißt es: Liebet eure Feinde. Also nach Jesus: Pazifismus total?

Ich sprach zuvor schon einmal von Klugheit als Vereinigung von Herz und Verstand. Beim Thema Klugheit im Zusammenhang mit Pazifismus geht es um Lernen aus der Geschichte.

Wenn ich den kompromisslosen Pazifismus befürworte, muss ich bereit sein, mich wie Jesus ans Kreuz nageln oder anders töten zu lassen.

Damit ist wohl fast jeder Mensch überfordert. Man darf annehmen, dass man das mit Berufung auf die Jesus-Formel von den Menschen nicht verlangen kann.

Wer sich mit der Geschichte der Menschheit auch nur oberfläch-lich befasst, wird zu dem Ergebnis gelangen, dass ein Zustand all-gemeiner Friedfertigkeit eher unwahrscheinlich ist. Das gilt sowohl für das Verhalten der einzelnen Menschen als auch für das Verhalten der Staatenführer in Bezug auf kriegerische Auseinandersetzungen.

Aber natürlich kann ich gleichwohl für mich persönlich ent-scheiden, mich lieber umbringen zu lassen als mich gegen Über-griffe zur Wehr zu setzen. Ich habe allerdings wohl nicht das Recht, eine solche Haltung von anderen zu verlangen.

Militärische Wehrhaftigkeit im Sinne von Verteidigung kann man im Lichte der Geschichte der Menschheit kaum intellektuell nach-vollziehbar verurteilen.

Diese Haltung ist auch nicht zielführend im Sinne der Erhaltung der Schöpfung und der Menschheit. Die Welt den Hitlers, Stalins, Putins und Maos zu überlassen oder den mordenden Islamisten und anderen unbarmherzigen Kämpfern beschleunigt den Unter-gang der Welt. Die Schöpfung will Leben, nicht unnatürlichen Tod. Gott hat uns nicht in seine Schöpfung berufen beziehungsweise wir sind – ohne Gott – nicht Teil der Welt, damit wir uns ermorden lassen oder in Unterdrückung leben. Wir haben ein Recht auf Leben in Freiheit und auch das Recht, diese Freiheit zu verteidigen. Das ist dem Recht auf Leben denklogisch immanent.

Nach allgemeinem Verständnis hat ein Staat die Pflicht, das Leben seiner Bürger zu schützen. Und nach allgemeinem Rechts-verständnis ist auch der Einzelne verpflichtet, dem anderen in Not zu helfen. Der Straftatbestand der unterlassenen Hilfeleistung ist ein Beispiel dafür.

Natürlich bin ich auch berechtigt und sogar verpflichtet, die Teil-nahme an einem ungerechten Angriffskrieg abzulehnen. Als Hitler im Zweiten Weltkrieg die europäischen Nachbarn überfiel, wäre eine allgemeine Kriegsdienstverweigerung geboten gewesen.

Allerdings hätte man als Kriegsdienstverweigerer seinerzeit sein Leben riskiert. Wer hat schon diesen Mut? Deshalb ist auch an dieser Stelle ein behutsames Urteilen angezeigt.

Aber es war nicht nur der Angriffskrieg, sondern es waren die damit einhergehenden Gräueltaten deutscher Soldaten, die erschüttern. 80-90 % dieser Soldaten waren Christen – jedenfalls auf dem Papier. Und unsere Nachbarn waren nicht vergleichbar gerüstet. Vielleicht wäre andernfalls vielen Menschen Leid und Tod erspart geblieben.

Also Pazifismus, ja oder nein? Ich meine, sich gegen Gewalt und Unterdrückung zu stellen, ist berechtigtes menschliches Interesse. Die Haltung, kriegerische Auseinandersetzungen zu vermeiden und geduldig um Frieden zu ringen, ist ehrenwert und im Sinne der Jesus-Formel zwingend. Durch eine Haltung konsequenter Gewaltlosigkeit den Kriminellen die Welt zu überlassen, ist eher verantwortungslos als vertretbar und sicher nicht aus der Empfehlung zur Nächstenliebe zu folgern. Wer seinen Nächsten liebt, weiß, dass dieser in Freiheit und nicht unter dem Joch von Kriminellen leben möchte. Also kann ich meinen Mitmenschen nicht verwehren, sich gegen Gewalt und Unterdrückung notfalls militärisch im Sinne von Notwehr zu verteidigen.

Wir sehen es an dem verbrecherischen Angriffskrieg des Putin-Russlands gegen die Ukraine. Die Ukraine ist möglicherweise der Übermacht der Russen auf Dauer nicht gewachsen. In einiger Zeit werden wir klüger sein.

Aber dieser Vorfall zeigt eben, dass kein Staat ohne Militär auskommt. Das wie ein Schaf, das zur Schlachtbank geführt wird, hinzunehmen, ist auch nach strengem christlichem Verständnis nicht gefordert. Weil es eben das natürliche Verständnis jedes Menschen überfordert. Die Schöpfung, die Welt zu erhalten, heißt, Menschen und Tiere respektvoll zu behandeln und zu erhalten.

Und wenn wie beschrieben selbst das Oberhaupt einer christlichen Kirche wie Kyrill I. – russisch-orthodoxe Kirche – einen Angriffskrieg verteidigt oder sogar befürwortet, weiß man, wie unrealistisch es ist, kriegerische Auseinandersetzung auszuschließen.

In einer Predigt kurz nach Beginn des Krieges hat er wie gesagt allen Ernstes die Gegner Russlands als »Kräfte des Bösen« bezeichnet. »Wir dürfen uns nicht von dunklen und feindlichen äußeren Kräften verhöhnen lassen« heißt es auf der Internetseite des von seiner Kirche veröffentlichen Manuskripts seiner Predigt.

Man versteht es nicht. Ein christliches Kirchenoberhaupt.

Die christlichen Kirchenoberhäupter sind, wie oben schon dargelegt, jetzt gefordert und haben die große Chance, die ihnen aufgegebene Botschaft in eindrucksvoller Weise in die Welt einzubringen. Das könnte ihren Gang in die Bedeutungslosigkeit verhindern und den Krieg vielleicht beenden.

Es geht hier nicht um eine Chance im kaufmännischen Sinne, sondern um die verdammte Pflicht von Menschen, die sich der Nachfolge des biblischen Jesus berühmen.

KAPITALISMUS / SOZIALE GERECHTIGKEIT

Das Bemühen um Reichtum und Wohlstand ist so alt wie die Menschheit. Dieses Bemühen hat auch sicherlich zur Entwicklung der Menschheit im positiven Sinne beigetragen.

Aber aktuell stellen sich die aus meiner Sicht bedeutsamen Fragen von historischer Dimension – entscheidend für Frieden und Wohlstand in aller Welt: Wie kann man das Auseinanderklaffen von Arm und Reich global und national überwinden?

Andernfalls drohen soziale Unruhen, weitere Massen-Migration, Hungersnöte und kriegerische Verteilungskämpfe.

Vor allem ist auch deshalb die Frage spannend, welche Wirtschafts- und Gesellschaftsordnung am ehesten einen respektvollen Status für die einzelnen Menschen erzeugt.

Grundformen sind Marktwirtschaft und Zentralwirtschaft. Als quasi Mischformen gibt es die Marktwirtschaft und die zentrale Planwirtschaft. In der Darstellung bei Wikipedia werden drei Wirtschaftssysteme aufgeführt: die Zentralverwaltungswirtschaft, die freie Marktwirtschaft und die soziale Marktwirtschaft.

Eine hochinteressante Reise durch die Wirtschaftssysteme bietet der Berliner Ökonomieprofessor Giacomo Corneo in seinem Buch »Bessere Welt: Hat der Kapitalismus ausgedient?«. Darin stellt er die Ideen des griechischen Philosophen Platon ebenso dar wie die Planwirtschaft und Formen von Kapitalismus.

Thomas Morus und seine fiktive Insel Utopia, in der es weder Geld noch Privateigentum gibt, wird zu Recht als untaugliches Modell beschrieben wie auch die Idee des bedingungslosen Grundeinkommens.

Das Corneo-Modell heißt Aktienmarkt-Sozialismus, bei dem der Staat Mehrheitseigentümer aller Aktiengesellschaften wird, die ihren Sitz im eigenen Land haben.

Mit Staatswirtschaft haben wir aber kaum gute Erfahrungen gemacht. Übernimmt der Staat die Produktionsmittel führt das, wie die Geschichte lehrt, zu einer Diktatur durch den Staat. Vereinigen sich politische und wirtschaftliche Macht in einer Hand – beim Staat und seiner Führung – geraten die Staatsbürger in eine hohe Stufe der Unfreiheit. Siehe aktuell im Iran.

Und Wohlstand, nach dem fast alle Menschen streben, hat z.b. der Kommunismus nirgendwo erreicht – allenfalls für seine Führungseliten.

Zu dieser Thematik – welche Wirtschafts- und Gesellschaftsordnung das beste Modell ist – kann man sich ganze Bibliotheken erlesen. Klüger wird man nicht in dem Sinne, dass es das System gibt, mit dem fast alle Menschen in Zufriedenheit leben können.

Die Schwachstelle jeder Theorie ist der Mensch.

Was idealistisch gedacht ist, ist noch immer durch die Machtgier des Menschen pervertiert worden. Jede Revolution frisst ihre Kinder (Leonhard) – der Machtgier willen. Ob in Politik oder in den Religionen, was man der Masse als Ideal verkauft, ist meist das Instrument, um Macht über sie zu erlangen. So viel darf man aus der Geschichte lernen. Revolutionäre Umstürze oder auch radikale Systemveränderungen lassen sich in ihren Auswirkungen nicht vorhersehen. Deshalb ist es oft klüger, an der Verbesserung der bestehenden Systeme zu arbeiten, zum Beispiel im Sinne der Jesus-Formel von Respekt und Nächstenliebe auch bei der Frage nach dem besten Wirtschaftssystem.

Vor diesem Maßstab (Schablone Nächstenliebe) können weder freier Kapitalismus noch freie Marktwirtschaft bestehen. Die in unserem Land bestehende soziale Marktwirtschaft ist schon eher ein annehmbares System. Das ist an vielen Stellen verbesserungswürdig und es sind viele Schwachstellen erkennbar. Das ändert aber nichts an dieser grundsätzlichen Bewertung.

Denn gekoppelt mit Demokratie bietet sie, mit aller Vorsicht formuliert, die Chance für eine gerechte Gesellschaft, soweit das auf dieser Welt überhaupt möglich ist.

Die soziale Marktwirtschaft, sie mag erstmals von Ludwig Ehrhardt in Deutschland installiert worden sein, ist mittlerweile – im Großen und Ganzen – das Wirtschaftsmodell für die gesamte EU. Die sozial-ökologische Marktwirtschaft soll das Konzept der Zukunft sein. Künftig soll es also nicht nur darum gehen, die Freiheit der Wirtschaft und einen funktionierenden Wettbewerb zu schützen sowie gleichzeitig Wohlstand und soziale Sicherheit in unserem Land zu fördern. Um den Schutz globaler Umweltgüter wie dem Klima oder der Biodiversität zu gewährleisten, bedarf es nach zwischenzeitlich weitverbreiteter parteiübergreifender Auffassung in unserem Land einer grundlegenden Weiterentwicklung der sozialen Marktwirtschaft zu einer auch ökologischen Wirtschaft. Die sozial-ökologische Marktwirtschaft soll die beste Voraussetzung sein, um das Wohlstands- und Sicherheitsversprechen der sozialen Marktwirtschaft für die Menschen zu erneuern und mit dem Klimaschutz zu verbinden.

Zu glauben, die Menschheit würde mehrheitlich jemals darauf verzichten wollen, Wohlstand anzustreben, ist Utopie. Aber: Wohlstand um jeden Preis richtet sich auf Dauer selbst. Das soziale Element und jetzt auch das ökologische Element setzen dem Streben nach Wohlstand immer mehr sinnvolle Grenzen.

Das Reizvolle an der Marktwirtschaft ist die Logik vom Wohlstand der Massen. In der Marktwirtschaft sind die Anbieter darauf angewiesen, dass die Käufer, die Verbraucher sich die Produkte und angebotenen Leistungen leisten können. Das ist der Grund für den im Weltvergleich hohen Wohlstand in Deutschland. Das daraus folgende Steueraufkommen und die Beitragseinnahmen (Sozialversicherungsaufkommen) wiederum erlauben es dem Staat, für sozialen Ausgleich zu sorgen.

Über das Ausmaß dieses Ausgleiches kann man sehr wohl streiten unter dem Gesichtspunkt der Schere zwischen Arm und Reich. Denn es ist zweifelsfrei nicht leicht, das rechte Maß zu finden. Wohlstand muss man sich in aller Regel erarbeiten. Wer dazu nicht in der Lage ist, muss in einer Wohlstandsgesellschaft in die Lage versetzt werden, ein seine Würde nicht verletzendes Einkommen zu erlangen. Wem das zusteht und in welcher Höhe ist eine Frage, die ständig gestellt werden muss.

Unser Sozialhilfesystem erbringt Leistungen für diejenigen Personen und Haushalte, die ihren Bedarf nicht aus eigener Kraft decken können und auch keine (ausreichenden) Ansprüche aus vorgelagerten Versicherungs- und Versorgungssystemen haben. Ein zentrales Ziel unserer Sozialhilfe ist es, die Selbsthilfekräfte zu stärken. Die Leistung soll »so weit wie möglich befähigen, unabhängig von ihr zu leben; darauf haben auch die Leistungsberechtigten nach ihren Kräften hinzuarbeiten« (§ 1 Satz 2 SGB XII). Sozialhilfe-Karrieren über Generationen, die es leider gibt, sind nicht erwünscht und auch für die betroffenen Menschen eher entwürdigend.

Fakt ist aber auch, dass insbesondere die Erwerbstätigen am unteren Rand der Einkommensskala oftmals kein Verständnis dafür entwickeln können, dass andere mit Sozialhilfe beinah ebenso viel Geld zur Verfügung haben wie sie, die sie für ihr Geld arbeiten müssen.

Wenn auch verbesserungswürdig, ist unser Sozialhilfe-System im Weltvergleich vorzeigewürdig. Ich saß vor einigen Monaten zufällig neben einem Studierenden aus Marokko und wir unterhielten uns über Wohlstand und Armut. Seine Aussage war:»Ihr Deutschen lebt im Paradies und merkt es nicht«.

Mag aus seiner Sicht so sein. Gemessen am Wohlstand unserer Gesellschaft ist es gleichwohl eine der großen Herausforderungen unserer Zeit, die Schere zwischen Arm & Reich kleiner zu machen. Laut einer Studie der University of London zum Jahr 2015 (Spiegel 2019) werden in der EU jedes Jahr Steuern in einer Höhe von über 800 Milliarden € »bestmögliche Schätzung«) hinterzogen (Italien 190, Deutschland 125, Frankreich 117 Milliarden €).

Steuern zahlen ist Christenpflicht, mag man auch über die Höhe sehr wohl streiten können. Wie anders soll der soziale Ausgleich in einer Gesellschaft organisiert werden? In Deutschland gilt: Ab einem Jahreseinkommen von 9984.-€ beträgt der Steuersatz 14%, der Spitzensteuersatz liegt bei 42%, für Einkommen ab 270.501 € liegt er bei 45 %. Diese Steuereinnahmen erlauben es dem Staat, Transferleistungen für geringere Einkommen zu erbringen.

Laut Bericht der Bundesregierung belief sich das Sozialbudget in Deutschland im Jahr 2020 auf 1,12 Billionen €. Auf die Sozialhilfe entfielen dabei 40,3 Milliarden €, auf Kinder- und Jugendhilfe 49,7 Milliarden, auf Wohngeld 1 Milliarde. Aus den so geenannten Arbeitgebersystemen (Entgeltfortzahlung, betriebliche Altersversorgung, Zusatzversorgung, sonstige Arbeitgeber-Leistungen) flossen 100,4 Milliarden.

Der soziale Aspekt unserer Marktwirtschaft wird weiter geprägt durch die Vielfalt der Vorschriften des geltenden Arbeitsrechts, das richtigerweise als Arbeitnehmer-Schutzrecht bezeichnet wird (Kündigungsschutz, Urlaubsrecht, Entgeltfortzahlung, Allgemeines Gleichbehandlungsgesetz, Altersteilzeitgesetz, Arbeitnehmerüberlassungsgesetz, Bundeselterngeld- und Elternzeitgesetz, Mindestlohngesetz, Mitbestimmung/Betriebsverfassungsrecht, Mutterschutzgesetz, Teilzeit- und Befristungsgesetz etc.)

Ein weiterer wichtiger Aspekt unserer Sozialstaatlichkeit sind die Regelungen und Organisationsstrukturen für Menschen mit

Behinderung und Menschen im Alter. So war auch die Sorge des Staates um vulnerable Bevölkerungsgruppen in Zusammenhang mit Corona Ausdruck der Verantwortung einer Gesellschaft für seine Schwachen und Alten (Artikel 1 Grundgesetz: Die Würde des Menschen ist unantastbar).

Last but not least sei auf unser Grundgesetz und dessen Grundrechte verwiesen, die den Bürgern unseres Landes Schutz und Freiheitsrechte gewähren, wie das in der Geschichte Deutschlands ohne Vorbild ist.

Wer heute lebt, darf getrost angesichts dieser Fakten Dankbarkeit empfinden (»Dankbarkeit erhält, Undank zerstört«). Das steht der ständigen Aufgabe nicht im Weg, systemimmanent nach Verbesserungen zu suchen.

Die soziale Marktwirtschaft hat sich bewährt, ihre Prinzipien haben sich als die nach bisheriger Erkenntnis ökonomisch erfolgreichsten erwiesen. Sowohl das Privateigentum an den Produktionsmitteln als auch die Orientierung wirtschaftlicher Handlungen am Markt ist erfolgsorientiert. Der Staat setzt in der Marktwirtschaft nur Rahmenbedingungen, greift jedenfalls (weit überwiegend) nicht in das Marktgeschehen ein. Das Recht auf selbstständige Betätigung und eigenständige wirtschaftliche Entscheidungen ist sichergestellt. Die Unternehmen entscheiden nach betriebswirtschaftlichen Gesichtspunkten, welche Güter und Leistungen und zu welchem Preis produziert werden sollen.

Die Unternehmen streben in diesem System nach Erfolg und Gewinn. Das ist legitim und hat sich als entscheidender Leistungsantrieb erwiesen. Der Mensch braucht offensichtlich diesen Anreiz. Jede andere Annahme ist mit Blick auf die Geschichte realitätsfern. Die Menschen suchen Wohlstand und Sicherheit. Wo das nicht gewährleistet ist, hat eine Gesellschaft keine Zukunft. Allerdings nicht Wohlstand um jeden Preis. Deshalb »soziale« Marktwirtschaft.

In einer solchen Ordnung hat nur derjenige Erfolg, der die Prinzipien moderner Ökonomie befolgt und den Markt, in dem man sich bewegt, versteht.

Respektvoller Umgang mit Mitarbeiterinnen und Mitarbeitern sowie fairer Auftritt gegenüber der Kundschaft sind Parameter für dauerhaften Erfolg. Kurzfristiger Erfolg zum Beispiel durch unseriöse Geschäftspraktiken ist Misserfolg. Erfolgreich ist man am ehesten, wenn man seine Arbeit, seine Mitarbeiterinnen und Mitarbeiter sowie seine Kundschaft im echten Sinn des Wortes »mag« – wem »liebt« zu viel ist.

Wirtschaften heißt auch rechnen und kalkulieren.

Vieles zu betreiben, was sich nicht rechnet, ist nicht nur ökonomisch in der Regel fehlerhaft. Das hat die Zentralwirtschaft der kommunistischen Länder gezeigt. Allerdings versucht das kommunistische China den Beweis antreten zu wollen, dass sein System erfolgreicher ist. Dabei geht es allerdings vornehmlich um die Staatsform – Demokratie oder Diktatur. In China existieren heute ausgeprägte Formen von Kapitalismus im Spannungsfeld zwischen wirtschaftlichem Erfolg um fast jeden Preis und staatlicher Bevormundung. Rein ökonomisch betrachtet »können« die Chinesen Wirtschaft – wenn sie diese derzeit auch in deutlich rigoroserer Form praktizieren als die Marktwirtschaften Europas.

Was besagt das im Hinblick auf unsere Prüfschablone Nächstenliebe?

Mathematik ist auch ein Teil der Schöpfung/Welt. Vieles muss sich rechnen, will man es nachhaltig betreiben.

Das heißt allerdings nicht, dass sich alles rechnen muss. Doch vieles muss sich rechnen, damit man sich einiges leisten kann, was sich nicht rechnet.

Die Idee der sozialen Marktwirtschaft ist sicherlich entstanden unter dem Einfluss der christlichen Soziallehre. Denn unabhängig von der Kraft der christlichen Kirchen ist nicht nur Europa vom sog. christlichen Abendland geprägt. Das verdanken wir nach meiner Einschätzung den vielen »einfachen« Menschen, die Christentum gelebt bzw. vorgelebt haben. Das ist geschehen nicht wegen des Verhaltens der Amtskirche, sondern trotz deren vielfach liebesfernen Verhaltens über Jahrhunderte.

Seit jeher haben viele »einfache« Menschen die Kernbotschaft des Christentums verstanden und sie in ihr tägliches Handeln eingebracht. Davon leben die christlichen Kirchen bis heute. Und die Welt hat davon profitiert.

Das Christentum ist eine organisierte Erinnerung an Liebe und Respekt, wenn auch leider mit vielen zweifelhaften Botschaftern in ihren Reihen. Gleichwohl hat es Europa geprägt.

CHRISTLICHE SOZIALLEHRE

Mit der christlichen Soziallehre bzw. deren Wiederbelebung könnten die christlichen Kirchen Wertvolles für die Welt leisten. Warum geschieht das nicht?

2004 hat der sog. päpstliche Rat für Gerechtigkeit und Frieden das Kompendium der Soziallehre der Kirche erarbeitet und der Öffentlichkeit übergeben. Das Dokument soll die Grundsätze des Denkens, die Urteilskriterien und die Richtlinien des Handelns aufzeigen, die es den Christen ermöglichen, zu einem umfassenden und solidarischen Humanismus aufzubrechen.

Hat es aber auch über die Kirchenmauern hinaus Bedeutung erlangt?

Norbert Blüm, der verstorbene ehemalige Bundesarbeits- und Sozialminister hat 2010 in seiner letzten Vorlesung im Rahmen der so genannten Hemmerle-Professur (Hemmerle: verstorbener Bischof von Aachen) an der RWTH Aachen heftig kritisiert, dass die Ideen der katholischen Soziallehre in Vergessenheit geraten seien. »Die katholische Soziallehre müsse endlich aus ihrem Koma erwachen ...«

In der Tat. Kennen Sie den Begriff *katholische oder christliche Soziallehre* oder auch *christliche Sozialethik?* Selbst wenn sie einer der christlichen Kirchen nahestehen, werden sie wenig oder gar nichts von einer solchen Lehre gehört haben. Es gibt allerdings diese christliche Soziallehre. Sie stellt leider keinen wesentlichen Teil der Äußerungen der christlichen Kirchen dar. Eher eine Disziplin für Spezialisten im Umfeld der christlichen Kirchen.

Speziell die katholische Kirche ist immer wieder in die öffentliche Aufmerksamkeit gelangt mit Äußerungen zur Sexualmoral.

Sich mit den Fragen nach sozialer Gerechtigkeit zu befassen, erscheint vielen Kirchenoberen demgegenüber eher trivial.

Die soziale Frage jedoch ist von überragender Bedeutung für die Existenz moderner Gesellschaften. Wer schließt am besten und am fairsten die Schere zwischen Arm und Reich? Der Sozialismus hat nichts dergleichen erreicht, der Kapitalismus ist dazu auch nicht in der Lage – siehe Amerika. Demgegenüber ist die soziale Marktwirtschaft ein Modell, das am ehesten geeignet ist, der Problemlösung näherzukommen.

Am Entstehen des Modells der sozialen Marktwirtschaft ist die christliche Soziallehre sicherlich nicht unmaßgeblich beteiligt. Das liegt allerdings nicht an der so genannten Amtskirche, die an der sozialen Frage nur bedingt Interesse zeigte. Wenige bedeutsame Persönlichkeiten sind die Ideengeber für die christliche Soziallehre und ihre Einbringung in die politische Diskussion nach dem Zweiten Weltkrieg. Im Handbuch der katholischen Soziallehre von Anton Rauscher kann man dazu spannende Einzelheiten erfahren, die ich hier kurz darstelle.

Danach sollen auch einige Päpste Wegmarken für die Entwicklung der christlichen Soziallehre gesetzt haben.

Wegen des schnellen Bevölkerungswachstums ab 1800 konnte die damalige Agrar-Gesellschaft seine Menschen nicht mehr ernähren. Das führte zu katastrophalen Hungersnöten und riesigen Auswanderungsströmen (in Deutschland circa 15 % der Bevölkerung). Die Massenarmut sollte nach der von Adam Smith begründeten klassischen Nationalökonomie mit Hilfe der Industrialisierung (technische Revolution durch Maschinenkraft) beseitigt werden. Statt des verheißenen Wohlstands für alle kam es jedoch zur frühkapitalistischen Klassengesellschaft, in der sich die Kluft zwischen Arm und Reich zunächst vertiefte und das schnell wachsende Industrieproletariat sich zunehmend ausgebeutet fühlte. Die so entstandene Arbeiterfrage führte zu zunehmenden Zweifeln an der Richtigkeit der liberalen Wirtschaftstheorie.

Den entscheidenden Impuls aus christlicher Sicht dazu setzte der Mainzer Bischof Wilhelm Immanuel von Ketteler. Er wird zitiert mit der Äußerung, man dürfe das liberale System nicht völlig verwerfen, so sehr man es kritisieren müsse. Vielmehr komme es darauf an, die Arbeiter, soweit möglich, an dem, was an dem System gut ist, an dessen Segnungen Anteil nehmen zu lassen. 1864 veröffentlichte er sein grundlegendes Werk »Die Arbeiterfrage und das Christentum«. Darin stellte er fest, dass die Arbeit infolge des liberalen Systems zur Ware geworden sei, und sprach vom Sklavenmarkt unseres liberalen Europas. Er begrüßte die Tendenzen zur Gewerbefreiheit. Diese habe die Waren unermesslich vermehrt, vielfach verbessert, den ungebührlichen Preis der Ware abgedrückt und so den weitesten Kreisen der weniger bemittelten Menschenklassen die Befriedigung mancher Lebensbedürfnisse eröffnet, von denen sie früher ausgeschlossen waren.

Deshalb schlug Ketteler 1869 vor: Zunächst müssen die Machtverhältnisse auf dem Arbeitsmarkt verändert und deswegen nach dem Vorbild der englischen Trade-Unions (freie Gewerkschaften) gegründet werden. Der Staat habe die Pflicht zu einer nachdrücklichen Arbeiterschutzgesetzgebung mit einem umfassenden Katalog an Maßnahmen.

Papst Leo XIII. schloss sich mit seiner Enzyklika »Rerum Novarum« (1891) diesen Analysen an.

In dieser seiner Enzyklika über die Arbeiterfrage übte er massive Kritik an den bestehenden wirtschaftlichen Verhältnissen und ihren sozialen Konsequenzen. Das Kapital sei in den Händen einer geringen Zahl angehäuft, während die große Menge verarme. Die Arbeiter seien der Herzlosigkeit reicher Besitzer und der ungezügelten Habgier der Konkurrenz isoliert und schutzlos überantwortet worden. Produktion und Handel seien fast zum Monopol von wenigen geworden und so könnten wenige übermäßig Reiche einer Masse von Besitzlosen ein nahezu sklavisches Joch auferlegen.

Selbst wenn man kein Freund der Kirche ist und auch kein Freund seiner oft zwielichtigen Päpste, so war dieser Papst, nach dem was man im zitierten Handbuch der katholischen Soziallehre nachlesen kann, ein wahrer Visionär.

So sagte er in Richtung der Sozialisten, deren Programm sei weit entfernt davon, etwas zur Lösung der sozialen Frage beizutragen; es schade vielmehr der arbeitenden Klassen selbst. Und was die Folgen des Sozialismus sein würden, sagte er in erstaunlicher Exaktheit (1891) voraus:

Er (der Kommunismus) bringe eine unerträgliche Beengung aller und eine sklavische Abhängigkeit würde die Folge des Versuches seiner Anwendung sein. Es würde gegenseitiger Missgunst, Zwietracht und Verfolgung Tür und Tor geöffnet. Mit dem Wegfall des Ansporns zu Strebsamkeit und Fleiß würden auch die Quellen des Wohlstandes versiegen. Aus der eingebildeten Gleichheit aller würde nichts anderes als der nämliche klägliche Zustand der Entwürdigung für alle.

Man kann deshalb wirklich davon reden, dass Leo XIII. nicht nur das ökonomische Scheitern des Sozialismus, sondern auch die »Stasi-Gesellschaft« vorausgesagt hat.

Den Sozialisten hielt er entgegen, dass es ein Naturrecht auf persönliches Eigentum gebe. Er fragte, was der Arbeiter anderes wolle, als mit dem Lohn zu irgendeinem persönlichen Eigentum zu gelangen. Wer die Würde der menschlichen Arbeit anerkenne, der müsse auch die Früchte der Arbeit, nämlich das persönliche Eigentum, akzeptieren.

Was gegenüber der liberalen Theorie, wonach sich der gerechte Lohn allein aus dem Verhältnis von Angebot und Nachfrage auf dem freien Arbeitsmarkt ergebe, wandte er ein, der Arbeitsvertrag müsse der natürlichen Gerechtigkeit entsprechen. Dies seien im Einzelnen ausreichende Mindestlöhne (Und das 1891!), ein familiengerechtes

Einkommen und die Möglichkeit, dass der Lohnempfänger einen Sparpfennig zurücklegen und zu einer kleinen Habe gelangen könne.

Weiter verlangt er in der Enzyklika die solidarische Absicherung der grundlegenden Arbeitsrisiken des Unfalls, der Krankheit und der Invalidität (das entspricht im Prinzip unserer heutigen Sozialversicherung). Weiter empfiehlt Leo XIII. betriebliche Arbeiterausschüsse, die heute Betriebsräte heißen.

Bei aller Kritik an der katholischen Kirche, diese Enzyklika ist ein beeindruckendes Dokument mit Langzeitwirkung.

1931 gab es eine zweite Sozialenzyklika, diesmal von Pius XI. (umstritten u.a. wegen seiner Nähe zu Mussolini und zum Faschismus). Darin ist von einem rücksichtslosen Machtkampf die Rede, einem Kampf sowohl innerhalb der Wirtschaft als auch um die Macht wirtschaftlicher Interessen »über den Staat« und schließlich einen dadurch übersteigerten Nationalismus und Imperialismus, angetrieben vom wirtschaftlichen Machtkampf der Staaten untereinander. Der nackte Wettbewerb könne unmöglich regulatives Prinzip der Wirtschaft sein, er sei aber innerhalb der gehörigen Grenze berechtigt und von zweifellosem Nutzen, sofern höhere und edlerer Kräfte die wirtschaftliche Macht in strenge und weise Zucht nehmen. Diese Kräfte bezeichnet er als die soziale Gerechtigkeit und die soziale Liebe.

Von Pius XII. (ebenfalls umstritten wegen seiner Haltung gegenüber Hitler und Nazideutschland) gab es 1942 eine Weihnachtsbotschaft, in der er formulierte, oberster Grundsatz der Soziallehre der Kirche sei es, dass der Mensch stets Träger, Schöpfer und Ziel aller gesellschaftlichen Einrichtungen sein müsse. Ziel der Wirtschaft sei das Wohlergehen des Menschen und dass er sich durch Erwerbstätigkeit die Möglichkeit der Teilnahme am Kulturleben zu schaffen vermag.

An anderer Stelle kritisierte er das Übergewicht großindustrieller Strukturen. Diesen Gefahren gegenüber sieht er eine entscheidende Rolle in der Erhaltung und Festigung des sozialen und politischen Gleichgewichts durch den Mittelstand – wegen seines bedeutenden Anteils an der Gesamtbevölkerung, wegen der ihm eigenen Mäßigung, des familienhaften Charakters der Unternehmungen, des persönlichen Verantwortungsbewusstseins, des Sinnes für Qualitätsarbeit, Sparsamkeit und Voraussicht, der relativen Unabhängigkeit und des traditionellen Sinnes für Stabilität.

Diese Einsichten haben bis heute Wert. Auch heute noch ist der Mittelstand der wichtigste Stabilisator unserer Wirtschaftsordnung.

Johannes XXIII. befasst sich in seiner Sozialenzyklika Mater et Magistra (1961) mit der fortschreitenden gesellschaftlichen Verflechtung innerhalb der einzelnen Staaten und betont ihre wechselseitigen Abhängigkeiten. Auch er verlangt die aktive Teilnahme der Arbeiter am Leben des sie beschäftigenden Unternehmens, betont aber auch das Recht auf Privateigentum und auf Eigentum an Produktionsmitteln.

Visionär auch seine Feststellung: »Sowohl die Erfahrung wie die geschichtliche Wirklichkeit bestätigt es, wo das politische Regime dem Einzelnen das Privateigentum auch an Produktionsmitteln nicht gestattet, dort wird auch die Ausübung der menschlichen Freiheit in wesentlichen Dingen eingeschränkt oder ganz aufgehoben. Es heißt: ‚Das Recht auf Eigentum bildet eine Stütze und zugleich einen Ansporn für die Ausübung der Freiheit‘.«

Vier Jahre später gab es die vom zweiten vatikanischen Konzil verabschiedete Konstitution »Gaudium et spes« (1965). Danach ist die fundamentale Zweckbestimmung des wirtschaftlichen Fortschritts der Dienst am Menschen, und zwar am ganzen Menschen im Hinblick auf seine materiellen Bedürfnisse, aber ebenso auch auf das, was er für sein geistiges, sittliches, spirituelles und religiöses Leben benötigt.

1981 verfasste Papst Johannes Paul II. ein bemerkenswertes Weltrundschreiben »Über die menschliche Arbeit«. Zitat: »Die nötigen Arbeiten – vom Unternehmensleiter bis zur Raumpflegerin – werden entsprechend dem objektiven Marktwert der Arbeitsleistung differenziert entlohnt. Es wäre jedoch ein Fehlschluss, auch die Würde der Arbeit nach diesem Marktwert zu bemessen«.

1991 verfasste Johannes Paul II. die Enzyklika Centesimus annus (100 Jahre nach »Rerum novarum« von Leo XIII.) und befasste sich darin mit Wohlstandsgesellschaft und Überfluss. Darin lehnt der Papst nicht den Kapitalismus, sondern eine rechtlich nicht geordnete, sozusagen wilde und wertfreie Marktwirtschaft ab.

Soweit der Ritt durch das zitierte Handbuch im Abschnitt »Sozialenzykliken der Päpste«.

Was auch immer man von den glaubensbezogenen Äußerungen der Päpste hält, die Genannten haben in Bezug auf Menschenwürde, Reichtum und Armut bemerkenswerte Positionen eingenommen. Das müsste ein Hauptthema christlicher Verkündung sein und ist aktueller denn je.

Was auch immer man von diesem Aspekt der Kirchengeschichte hält, es dürfte nicht zu bestreiten sein, dass die Kirchen und das Christliche auf das Grundgesetz und die Entwicklung unserer Wirtschaftsordnung Einfluss gehabt haben. Die soziale Marktwirtschaft ist objektiv das Ergebnis der Tatsache, dass die Mehrzahl der Menschen in unserem Land christlich geprägt waren – insoweit sicherlich im positiven Sinn.

Derzeit ist die Debatte über die sozialen Verhältnisse wieder geprägt von der auseinandergehenden Schere zwischen Arm und Reich. Die christliche Soziallehre könnte hier Lösungsansätze bieten. Die christliche Soziallehre steht für drei grundlegende Prinzipien: das Gemeinwohlprinzip, das Solidaritätsprinzip und das Subsidiaritätsprinzip. Sie werden auch als die »Baugesetze der Gesellschaft« bezeichnet (Oswald von Nell-Breuning).

Der als Urvater der National-Ökonomie bezeichnete schottische Wissenschaftler Adam Smith ging noch davon aus, dass die Menschen nur ihr jeweiliges Einzelwohl verfolgen sollten, das Gemeinwohl würde sich dann wie eine »unsichtbare Hand« von selbst einstellen. Dieser Ansatz ist, wie die Geschichte zeigt, zu kurz gegriffen. Durch die soziale Marktwirtschaft und unsere Verfassung haben wir diesen Standpunkt in Deutschland prinzipiell überwunden. Gemäß Art. 20 Abs. 1 Grundgesetz ist die Bundesrepublik Deutschland ein demokratischer und sozialer Bundesstaat. Dieser Staat garantiert seinen Bürgern neben den freiheitlich-demokratischen Rechten auch die Sozialstaatlichkeit. Und der Sozialstaat wiederum wird als ein demokratischer Rechtsstaat bezeichnet, der die soziale Gerechtigkeit und Sicherheit seiner Bürger gemäß Verfassung zum Ziel hat.

Soziale Gerechtigkeit in einer industriellen Massengesellschaft zu verwirklichen, ist äußerst anspruchsvoll. Die typischen Vereinfacherer würden formulieren: Nimm den Reichen und gib den Armen. Das ist allerdings zu simpel und intellektuell unter Niveau und würde vermutlich jede Gesellschaft zerstören. Allgemeiner Wohlstand wird sich so nicht herstellen lassen.

Paul A. Samuelson schreibt in seinem grundlegenden Lehrbuch zur Volkswirtschaftslehre und in dessen Einführung:

»Selbst wenn man das Volkseinkommen (gemeint ist das der USA) völlig gleichmäßig auf alle Männer, Frauen und Kinder verteilt wäre, selbst in diesem Extremfall hätte jeder nicht viel mehr als 75 $ pro Woche«.

Wir kennen auch alle die Berichte von Lotto-Millionären, die schon nach wenigen Jahren wieder verarmt waren. Mit Geld und Einkommen klug umgehen ist eine besondere Gabe, die leider vielen Menschen – auch sogenannten gebildeten Menschen – nicht zu eigen ist. Gewissen Menschen kann man viel geben, zum Beispiel ein hohes Einkommen, sie werden geneigt sein, mehr auszugeben als sie haben. Das Problem liegt darin, dass in unseren modernen wohlhabenden westlichen Ländern so viel angeboten wird, dass selbst der Reichste sich nicht alles leisten kann. Anders ausgedrückt: Die Möglichkeit, Geld auszugeben, ist so unbegrenzt, dass man jeden Geldbeutel überfordern kann. Wer also nicht über eine gewisse Ausgabendisziplin verfügt, kann auch bei gutem Einkommen verarmen. In meiner anwaltlichen Tätigkeit habe ich das vielfach hautnah erlebt, vom Höhenflug in den Graben der Armut – meist selbst verschuldet, vielfach wegen Maßlosigkeit (»Halte Maß und bedenke das Ende« – Gesta Romanorum). Seit Schülerzeiten begleitet mich der Vers: »Noch keinen sah ich fröhlich enden, auf den mit immer vollen Händen, die Götter ihre Gaben streun« (Friedrich Schiller, Der Ring des Polykrates).

Die Welt ist voller Weisheiten. Das Moment der Nächstenliebe findet sich irgendwie in sehr vielen Lebensweisheiten.

Auch die soziale Marktwirtschaft ist letztlich dieser Idee zu verdanken. Sie steht für sozialen Ausgleich, bietet große Chancen so wie ihr große Risiken immanent sind. Die Bürger haben die Freiheit sie zu nutzen können aber auch an ihr zu scheitern. Und im Falle des Scheiterns gewährt der Staat sogar eine Grundsicherung.

Schauen wir wieder oder noch mal in die Biologie. Bei einem Bienenvolk z.B. gibt es keine Handlungsfreiheit für das einzelne Tier. Alle Probleme – selbst die komplizierte Arbeitsteilung – werden durch den sogenannten »biologischen Instinkt« gelöst. Demgegenüber hat der Mensch die Freiheit faul oder fleißig zu sein, wissbegierig oder uninteressiert, strebsam oder uninspiriert, sparsam oder verschwenderisch, lernwillig oder unmotiviert, arbeitsam oder vergnügungsorientiert, diszipliniert oder zügellos, einfühlsam oder ichbezogen, klug handelnd oder gedankenlos lebend usw. Sollen da alle das Gleiche haben oder bekommen?

Das widerspricht jedweder Vernunft und kann auf dieser Welt nicht funktionieren – das widerspricht den Erfahrungen aus der Geschichte der Menschheit. Wäre wohl auch langweilig.

Ebenso wenig zuträglich für das Überleben der Menschheit ist es, wenn die Reichen immer reicher und die Armen immer ärmer werden. Das ist weder menschlich noch ökonomisch haltbar. Das muss zu Kriegen, Verteilungskämpfen und Aufständen führen – national gedacht wie global.

Folglich muss es ökonomisch wie menschlich darum gehen, national und global faire Lebensbedingungen zu schaffen. Bei diesem Prozess ist es unabdingbar, dass die Wohlhabenden abgeben und die Armen Unterstützung erhalten. Im Kapitel zuvor habe ich die Steuersätze und Transferleistungen in Deutschland dargestellt. Das ist beachtlich. Aber reicht das, die Kluft zwischen Arm und Reich auf das erträgliche Maß zu reduzieren? Es muss wohl noch mehr sozialen Ausgleich geben.

Das zu übernehmen, ist noch einfach. Schwierig wird die Sache im Detail, bei der Umsetzung in Form von Gesetzen und politischen Entscheidungen. Hier liegt im wahrsten Sinne des Wortes der Teufel im Detail.

Natürlich nicht nur, aber doch in besonderem Maße sind Christen gefordert, sich an dieser Diskussion und Entscheidungsfindung zu beteiligen. Was anders besagt die Botschaft des biblischen Jesus?

Alles auf alle gleichmäßig aufzuteilen, ist weder gerecht noch sinnvoll. Außerdem würde wie gesagt – und das lehrt die Geschichte der Menschheit – sich schon nach relativ kurzer Zeit das Vermögen wieder ungleich verteilen wegen der Unterschiedlichkeit der Menschen, der man Rechnung tragen muss. Sonst handelt man naiv und lebensfremd.

Demnach dürfte ein nachvollziehbares Prinzip das sein, dass man den Sparsamen und Strebsamen, den Fleißigen und Disziplinierten usw. nicht bestrafen darf. Ebenso ist es allerdings unabdingbar, sich der Frage zu stellen, was man den Reichen nehmen und den Armen geben soll – und zwar wie viel und auch in welcher Weise. Was ist insoweit eine gerechte Verteilung?

Das ist ein Thema, das mitentscheidend ist für die Gestaltung einer Welt, in die vermehrt Frieden einkehren soll.

Werden wir konkret und nehmen uns ein aktuelles Thema beispielhaft vor.

Infolge des Ukrainekriegs steigen in Deutschland in beängstigender Weise die Energiepreise. Wie soll die Last verteilt werden? Gleichmäßig auf alle oder müssen die Menschen in der unteren Einkommenssituation deutlicher unterstützt werden?

Setzt man die »Schablone Nächstenliebe« an, dann kann kein Zweifel bestehen, dass der wohlhabendere Teil der Gesellschaft gerade jetzt für die Unterstützung der sozial Schwachen eintreten sollte.

Viele Menschen mit höherem Einkommen werden sagen: Mit meinen Steuern leiste ich genug für den sozialen Ausgleich.

Wie auch immer. Beim Thema *Energiepreise und allgemeine Preisentwicklung* kann etwas in Bewegung kommen, das den gesellschaftlichen Frieden in bisher nicht gekannter Weise gefährdet. Nächstenliebe dürfte hilfreich sein.

In dieser Situation könnten die christlichen Kirchen – z.B. organisiert über Caritas und Diakonie – ein großes Sozialwerk errichten, in das auch nennenswerte Mittel aus dem Kirchensteueraufkommen und den Kapitalerträgen einfließen sollten, wie oben beim Thema *Christliche Orden* bereits vorgestellt. Gleichzeitig könnte man Spenden von Wohlhabenden einwerben. Bei solchen Menschen, die nicht alles auf den Staat abschieben, sondern ohne Zwang ganz freiwillig dazu bereit sind, über ihre Steuern hinaus einen Beitrag zum Erhalt des sozialen Friedens zu leisten in Form von Spenden. Es gibt dazu prominente Beispiele in der Welt. Durch eine solche soziale Profilierung könnten die Kirchen neues Vertrauen und großen Respekt erlangen. Sie könnten den Nachweis erbringen, dass sie in der Lage sind, Wertvolles für die Gesellschaft zu leisten im Sinne von gelebter Nächstenliebe.

Deutsche Millionäre haben kürzlich in einem offenen Brief ihre Bereitschaft erklärt, Vermögenssteuer zahlen zu wollen. Zielführender wäre es aus meiner Sicht, mit ihrer Hilfe ein solch großes Sozialwerk aufzubauen. Steueraufkommen droht im riesigen Staatshaushalt unterzugehen. Mittel aus dem Sozialwerk dürften zielgenauer zu den Bedürftigen – und das sind vor allem unsere Kinder – zu bringen sein.

Es steht im Übrigen nicht nur die nationale, sondern auch die weltweite Verteilung des Wohlstands auf dem Prüfstand. Diese Aufgabe ist noch wesentlich komplexer. Es ist zwar bekannt, wo Armut auf dieser Welt herrscht. Wie aber soll gerechte und erfolgreiche Hilfe aussehen?

Aufgrund dessen, dass man in den letzten Jahren gelesen und gehört hat, kann man zurecht Zweifel dahingehend haben, ob das Geld oder die Unterstützung, die man gewährt, tatsächlich immer bei den Armen und Bedürftigen ankommt. Hier dürfte entscheidend sein, in welcher Weise man unterstützend eingreift, damit nicht korrupte Politiker zulasten der eigenen Bevölkerung zur eigenen Bereicherung zugreifen.

Die Christen dieser Welt können und müssen sich in diese Diskussion einschalten im Sinne der christlichen Liebesbotschaft. Dabei sollten sie allerdings nicht mit strengen Regeln und Vorschriften operieren, sondern sich auch hier als Empfehlende ebenso bestimmt wie bescheiden in die Diskussion einbringen. Mit aus der christlichen Botschaft hergeleiteten Vorschriften hat die Welt wohl die Nase voll. Gleichwohl müssen sich gerade Christen an der schwierigen und anspruchsvollen Diskussion über soziale Gerechtigkeit – national und global – beteiligen.

Dabei eine erkennbare Vorbildfunktion einzunehmen, wäre eine weitere Stufe der Überzeugungskraft. Christliche Organisationen und Orden sollten zeigen, was Hilfe im Sinne christlicher Nächstenliebe ist. Wohlverstandener christlicher Glaube könnte die natürliche Folge davon sein.

Die Wiederbelebung der in Vergessenheit geratenen christlichen Soziallehre durch die christlichen Kirchen könnte eine Rechtfertigung sein für ihren Fortbestand. Das wäre wertvolle Hilfe für die Welt und gehört zum Bemühen um Frieden im Sinne der Botschaft von Liebe und Respekt.

HILFE ODER MISSIONIERUNG

Es ist zwischenzeitlich ziemlich unbestritten, dass christliche Missionare quasi mit der Bibel in der Hand den Ureinwohnern in Afrika, Asien, Kanada und Südamerika ihren Glauben aufgedrängt haben – unbestreitbar teilweise auch unter Anwendung brutaler Gewalt. Ein weiteres Trauerspiel in der Geschichte der katholischen Kirche und des Christentums. Und nicht wenige Menschen haben davon Kenntnis.

Zur Wahrheit gehört aber auch, dass die christlichen Missionare/innen heute behutsamer vorgehen und sich vielfach in erster Linie als wertvolle Entwicklungshelfer erweisen und als solche geschätzt werden.

In abgelegene Regionen der Welt vorzudringen, um kleine Stämme am Rand der Zivilisation zu missionieren, wird von vielen Seiten zurecht als immer noch nicht tolerierbare Form von religiösem Kolonialismus bezeichnet.

Der Schutz ethnischer Minderheiten und der Respekt vor deren Kultur und Lebensform ist auch eine aus der christlichen Liebesbotschaft zwingend erforderliche Haltung.

Wieder einmal zeigt sich die brutale Differenz zwischen Theorie und Praxis in der Geschichte der katholischen Kirche. Wenn es um Macht und Einfluss ging, war die Liebe regelmäßig außen vor.

Derselbe Papst, der 2005 die Enzyklika »Deus est caritas« – Gott ist Liebe – verfasst hat, verstieg sich bei der Eröffnung der lateinamerikanischen Bischofskonferenz im Jahre 2007 zu der Formulierung, die Christianisierung Lateinamerikas sei keine Oktroyierung einer fremden Kultur gewesen, sondern von den Ureinwohnern »unbewusst herbeigesehnt worden«. Was für ein Zynismus.

Die Indios nannten das seinerzeit arrogant und respektlos. « Zu sagen – so sollen sie formuliert haben –, dass die kulturelle De-zimierung unseres Volkes eine Reinigung darstellt, ist beleidigend und beängstigend«. Der deutsche Lateinamerika-Historiker Hans-Jürgen Prien nannte diese Äußerungen zu Recht »eine unglaubliche Geschichtsklitterung«.

Venezuelas Präsident Hugo Chavez verlangte sogar eine Ent-schuldigung des Papstes. Er formulierte: »Mit allem gebührenden Respekt, Sie sollten sich entschuldigen, denn es gab hier wirklich einen Völkermord. Wenn wir das leugnen würden, würden wir unser tiefstes Selbst verleugnen.«

Also: Dient es der von Menschen geschaffenen Organisation *katholische Kirche*, kann man die Wahrheit verdrehen und Gräueltaten dieser Organisation leugnen oder in zynischer Weise interpretieren?

Welchen Wert hat es dann, wenn ein Papst in dieser Enzyklika u.a. formuliert:

- »Wir haben der Liebe geglaubt: so kann der Christ den Grundentscheid seines Lebens ausdrücken«.
- »Jesus hat das Gebot der Gottesliebe mit demjenigen der Nächstenliebe zu einem einzigen Auftrag zusammengeschlossen«.
- »In einer Welt, in der mit dem Namen Gottes bisweilen die Rache oder gar die Pflicht zu Hass und Gewalt verbunden wird, ist dies eine Botschaft von hoher Aktualität und von großer praktischer Bedeutung«.
- »Die Liebe Gottes zu uns ist eine Grundfrage des Lebens und wirft entscheidende Fragen danach auf, wer Gott ist und wer wir selbst sind«.

Wenn die Liebe nach Jesus weit vor allem an erster Stelle steht, dann haben die Repräsentanten und Vertreter der katholischen Kirche das zwar immer wieder benannt, aber im praktischen Leben zu oft beiseitegelassen – wenn es ihnen gerade passte. Und das über die Jahrhunderte bis heute, wie auch an anderer Stelle in diesem Buch erläutert.

Allerdings: Mit dem Lateinamerika-Hilfswerk der katholischen Kirche *Adveniat*, mit den Organisationen von *Misereor* und *Missio* sowie den national und weltweit aktiven Caritasorganisationen und anderen leistet die katholische Kirche – wie auch die deutsche evangelische Kirche – wertvollste Hilfe für die Menschen an den Rändern der Gesellschaft oder in extremen Notlagen, zum Beispiel nach Umwelt-Katastrophen und in den ärmsten Regionen der Welt. Das ist gelebte Nächstenliebe der Handelnden vor Ort.

2016 förderten die katholischen Hilfswerke Projekte in Afrika, Asien, Lateinamerika und Osteuropa mit rund 460 Millionen Euro. Dabei finanziert sich z.b. Adveniat zu 95% aus Spenden. Hier zeigt sich die noch große Kraft und Bedeutung der katholischen Kirche in Deutschland. Auch aus diesem Grund ist deren Erhalt von Bedeutung, wenn sie sich denn wandeln sollte, wie in diesem Buch beschrieben. Die große Spendenbereitschaft belegt im Übrigen meine These, dass die katholische Kirche nur zu retten ist über ein großes Kirchensteuermittel gestütztes Sozialwerk.

DEMOKRATIE UND KIRCHE / DER SYNODALE WEG DER DEUTSCHEN KATHOLIKEN

Bis weit in das 20. Jahrhundert galt die Demokratie für die katholische Kirche nicht als die ideale Staatsform. Heute versteht sie sich – in Europa – als Teil der demokratischen Zivilgesellschaft und nimmt z.b. wie selbstverständlich die Möglichkeit der Anrufung staatlicher Gerichte wahr (Demokratischer Rechtsstaat).

Aber: Das Mitwirken der Gläubigen in der katholischen Kirche selbst ist seit jeher und bis heute unerwünscht oder gar undenkbar. Jede Beteiligung der Gläubigen geschieht bisher allenfalls nach Gutsherrenart: »Großzügigerweise lasse ich euch reden, aber entscheiden tue ich«.

Nun ist Demokratie keine einfache Staatsform. Es gibt keine »Aufnahmeprüfung« – es sei denn den Einbürgerungstest zum Erwerb der deutschen Staatsangehörigkeit – und jeder darf mitreden, auch wenn er keine Ahnung hat oder sie sich nicht verschafft hat. Meinungsfreiheit, Toleranz, Respektierung von Mehrheiten, Schutz von Minderheiten, Gewaltenteilung, allgemeines Wahlrecht, Presse- und Kunstfreiheit, Gewaltmonopol des Staates, Demonstrationsrecht und Versammlungsfreiheit etc. sind u.a. die Stichworte zur Kennzeichnung einer anspruchsvollen Staatsform. Diktatur ist einfacher und nach chinesischer Lesart auch erfolgreicher. Die Geschichte wird es zeigen.

Diktatoren agieren respekt- und rücksichtslos. Demokratie dagegen geht nur mit Respekt und Rücksichtnahme. Wird das von der Mehrheit der Bevölkerung nicht mehr gepflegt, ist die Demokratie gefährdet. Deutschland ist aktuell dieser Gefahr nicht unerheblich ausgesetzt.

Zu einer funktionierenden Demokratie gehört, dass die Menschen mitgenommen werden. Denn das Volk ist der Souverän. Aber die Bürger sind auch verpflichtet, sich zu interessieren und zu versuchen, die komplexen Probleme einer industriellen Massengesellschaft zu verstehen. Nur kritisieren und fordern und z.b. gleichzeitig ein Leben leben »in Saus und Braus« (Ballermann-Mentalität) ist zu wenig. Und verbieten lässt sich das in einer Demokratie nicht. Wenn Kirchen sich anders organisieren, sich vermutlich auch anders organisieren müssen, ist das ihr gutes Recht. Ich muss ja nicht beitreten oder bleiben. Gleichwohl muss Kirche – will man überleben – der Entwicklung der Menschheit zur Demokratie hin Rechnung tragen. Das ist nämlich ein unverkennbarer Emanzipationsprozess im Sinne von Freiheit und Respekt für jeden einzelnen Menschen. Wer den verkennt, lebt sich aus dem Geist der Welt hinaus. Wer die Botschaft des biblischen Jesus von der Nächstenliebe zu den Menschen bringen will, muss das in der eigenen Organisation und Glaubensgemeinschaft vorleben. Da verstehen sich Mitnahme und Mitsprache von selbst. Das heißt nicht Demokratie in allen Bereichen, sondern Regelwerk im Geist der Liebe. Da gibt es Grenzen und rote Linien, die vom Geist der Liebe gezogen sind. Vor allem in organisatorischen und nur nachrangig bedeutsamen Themen der Glaubensgemeinschaft wie Zölibat oder Frauenordination oder Besetzung der Bischofsämter – dazu später genauer – kann es keine Alleinzuständigkeit des Papstes geben. Machtanmaßung ist das Gegenteil von Liebe. Und dass ein paar alte Herren in Rom (Kurie) entscheiden, wo es für alle Katholiken dieser Welt langgeht, ist für die heutige Zeit eine unerträgliche Arroganz. Das geht nicht gut. Das ertragen nur noch die ganz Naiven.

In der deutschen katholischen Kirche ist 2019 unter dem Titel »Synodaler Weg« der Versuch begonnen worden, mit den Gläubigen ins offene Gespräch zu kommen, um ihnen zumindest moderat die

Möglichkeit zu geben, an der erforderlichen Neukonfiguration der katholischen Kirche mitzuwirken. Das ist der richtige Ansatz. Wenn ich meine Organisation erhalten will, muss ich nicht die »beschimpfen«, die sie nicht (mehr) mögen. Ich muss bei mir anfangen. Was mache ich falsch, was kann ich besser machen? Wo haben die unzufriedenen »Kunden« recht? Wer seine »Kunden« liebt, wird sie zurückgewinnen. Das gilt für jedes »Geschäft«, für jede Organisation.

Organisatorisch war bei diesem Reformprozess die Synodalversammlung das oberste Organ, bestehend aus den Bischöfen, 69 Vertretern des Zentralkomitees der deutschen Katholiken und Vertreter/innen geistlicher Dienste und kirchlicher Ämter, junge Menschen und Einzelpersönlichkeiten. Demokratie ist das nicht, aber immerhin ein Ansatz von organisierter Mitwirkung. Die Beschlüsse waren an eine doppelte Zwei-Drittel-Mehrheit gebunden; einmal der Synodalversammlung und dann müssen noch einmal zwei Drittel aller Bischöfe zustimmen. Das war nur in Teilen erfolgreich.

Die deutsche katholische Kirche macht gleichwohl etwas Hoffnung, wenn das nicht nur Strohfeuer war.

Durch die wiederholte Missbilligung Roms hat dieser Prozess größere mediale Aufmerksamkeit erlangt. Dass fundamentale Veränderungen erforderlich sind, vereint mit ziemlicher Sicherheit den Großteil der in Deutschland noch praktizierenden Katholiken, aber auch viele Außenstehende, die sich mit der Organisation katholische Kirche beschäftigen oder – aus welcher Distanz auch immer – auf sie sehen.

Die unzähligen Fälle sexuellen Missbrauchs durch Priester, aber sicherlich auch die Sorge um den »wirtschaftlichen« Niedergang der Kirche durch Steuerausfälle haben hier Pate gestanden.

Dieser Versuch, Laien und Priester, Frauen und Männer an einem solchen Diskussionsprozess zu beteiligen, hat etwas. Die Frage ist allerdings: Kommt das zu spät und was will man de facto erreichen?

So etwas wie der Synodale Weg ist kirchenrechtlich nicht geregelt. Was soll also dabei herauskommen – selbst wenn mit Zwei-Drittel-Mehrheiten entschieden wird –, wenn Rom, wenn der Papst am Ende alles verwirft. Danach sieht es allerdings aus. Inhaltlich sollte es beim Synodalen Weg gehen um

1. Macht und Gewaltenteilung in der Kirche – gemeinsame Teilnahme und Teilhabe am Sendungsauftrag,
2. priesterliche Existenz heute,
3. Frauen in Diensten und Ämtern in der Kirche,
4. Leben in gelingenden Beziehungen – Liebe leben in Sexualität und Partnerschaft.

Schon im September 2019 hieß es in einem Brief aus Rom (vom Präfekten der Kongregation für die Bischöfe): Die für den Synodalen Weg vorgesehenen Themen könnten mit wenigen Ausnahmen nicht Gegenstand von Beschlüssen und Entscheidungen einer Teilkirche sein (das ist z.B. die deutsche katholische Kirche).

Das ist nach derzeit geltendem Kirchenrecht zutreffend. Sogenannte Teilkirchen können keine Gesetze oder Regeln einführen, die nicht mit dem römischen Kirchenrecht in Übereinstimmung sind. Gleichwohl hat man den Prozess bis März 2023 fortgesetzt. Ein Synodaler Ausschuss als Dauereinrichtung soll folgen (ab 2026), was das auch immer heißt (hoffentlich nicht »aufgeschoben gleich aufgehoben«). Hatte doch der Papst bereits im Januar 2023 der Einrichtung eines Synodalen Rats eine Absage erteilt. »Es werde die Rolle des Bischofs geschwächt«. Wieder geht es also nur um Macht. Der Vatikan misstraut den Laien und setzt auf die zu Gehorsam verpflichteten Bischöfe. Und 2026 ist vielleicht »die Luft raus«.

Das Ergebnis ist ohnehin mehr als dürftig und offenbart Zweifel an der eigenen Courage.

Was ist das Ergebnis, was wurde beschlossen? (kurz beschrieben – siehe katholische Kirche in Frankfurt am Main).

- Präambel: Schuld offen bekennen, strukturelle Ursachen aufarbeiten, in neuer Weise anschlussfähig werden an die existentiellen Fragen der Menschen von heute ...
- Überweisung des Themas *Mitbestimmungsmöglichkeiten für Laien* in dem noch zu gründenden Synodalen Ausschuss
- Die Segnung gleichgeschlechtlicher Paare
- Die Anerkennung sexueller Vielfalt
- Die Predigt für Frauen in der Messfeier
- Öffnung des Diakonenamtes für Menschen nicht-männlichen Geschlechts (»Überlegungen sollen in die Weltkirche eingespeist werden«)
- Die Bitte an den Papst, die Abschaffung des Pflichtzölibats zu bedenken
- Beteiligung der Gläubigen bei der Wahl eines Diözesanbischofs
- Prävention und Umgang mit Tätern bei sexualisierter Gewalt
- Fünf Voten zum Thema »priesterliche Existenz heute« – sexueller Missbrauch, Persönlichkeitsbildung von Priestern und Professionalisierung des Personaleinsatzes ...

Was passiert, wenn am Ende Rom selbst diese bescheidenen Reformansätze ignoriert bzw. deren Umsetzung verbietet?

Stellt sich dann die nicht beabsichtigte Machtfrage? Wagt es Rom, sich mit der deutschen katholischen Kirche (wichtigster Finanzier neben USA) anzulegen, sollte diese auf der Umsetzung ihrer Beschlüsse bestehen und den Synodalen Weg weitergehen wollen?

Auf der anderen Seite: Haben die deutschen Katholiken beziehungsweise insbesondere ihre Bischöfe überhaupt den Mut, sich gegen Rom zu stellen? Und wird für diesen Fall Rom nachgeben? Oder verläuft ohnehin alles im Sande? Eins steht jedenfalls fest: Will man tatsächlich etwas verändern, muss man beharrlich bleiben. Sonst bleibt der Synodale Weg eine Episode, die schnell in Vergessenheit gerät und mit ihr zunehmend die deutsche katholische Kirche.

Ich wiederhole mich: Jesus war mutig bis ans Kreuz. Wenn seine Botschafter nicht den Mut haben, sich zum Zwecke des Erhalts seiner Botschaft für die Welt gegenüber Rom standhaft zu bleiben, dann wird alles verpuffen. Im Falle des Scheiterns würde das Ansehen der katholischen Kirche vermutlich erneut schwer und zwar nachhaltig schwer beschädigt. Möglicherweise sogar auf Sicht irreparabel.

Jedenfalls würde sich für diesen Fall bei noch mehr Menschen die Frage stellen, ob die katholische Kirche in der jetzigen Form noch gebraucht wird. Das könnte ein weiterer Brandbeschleuniger sein für die große Austrittswelle in Deutschland.

Kann die katholische Kirche in Deutschland Katholizismus »gegen« Rom?

Oder muss sie nicht deshalb Rom Paroli bieten, damit die deutsche katholische Kirche überlebt? – So das denn wünschenswert wäre.

Der häufig zitierte Jesuitenpater Ansgar Wiedenhaus (Nürnberg) hat sich unter anderem wie folgt geäußert (katholisch.de):

- »Mit dem Synodalen Weg wird nicht die Einheit der Kirche gefährdet, wie Kritiker des Projekts behaupten, sondern die Uniformität durchbrochen«.
- »Da ist etwas Kaputtes in unserer Kirche, was sich vielleicht nicht mehr reparieren lässt«.
- »Wenn die Kirche ihren Auftrag nicht mehr erfüllt, nämlich für Menschen da zu sein und Hoffnung zu geben und für

Gerechtigkeit einzustehen – dann ist mein Hauptproblem nicht, dass die Institution Kirche zu Grunde geht, sondern dass Menschen nicht mehr geholfen wird«.

Genau das ist es.

»Schablone Nächstenliebe«:

Die katholischen Christen könnten hohes Ansehen dadurch erlangen, dass sie der Welt zeigen, wie man mit schwerwiegenden Meinungsverschiedenheiten umgeht. Der Synodale Weg in Deutschland ist nicht der Beginn einer Revolution, sondern nach meinem Verständnis der unerlässliche Versuch, die katholische Kirche wieder mit dem Geist der zivilisierten Welt (Frieden, Freiheit, Demokratie, Toleranz, Gleichheit, Antidiskriminierung ...) zu versöhnen. Wenn in der sich auf Jesus berufenden Kirche ein solcher Konflikt nicht mit Liebe und Respekt gelöst werden kann, dann ist das ein ethisch moralischer Offenbarungseid. Die römisch-katholische Kirche muss in dieser Situation Farbe bekennen vor Gott, an den man vorgibt zu glauben und vor Jesus – nach eigenem Verständnis dessen Sohn –, ob sie für primitive Macht oder für Liebe, Respekt und Verständnis steht. (»Liebe Brüder und Schwestern im Herrn«).

Es geht im Übrigen bei den Themen des Synodalen Wegs nicht um zentrale Glaubensfragen, sondern um von Menschen gemachte Organisationsentscheidungen ohne eigentliche theologische Substanz und Bedeutung (Theologie, die Lehre von Gott). Frauenordination, Zölibat, Sexuallehre, Teilhabe der Gläubigen, Mitwirkung von Laien etc. – Warum soll das eine Teilkirche im 21. Jahrhundert nicht eigenverantwortlich regeln können? Mit welcher auf den christlichen Glauben bezogenen Begründung will Rom das verbieten? Was hat das mit dem Glauben an Gott – und nach christlicher Lesart mit dessen Sohn – zu tun, für den die Liebe über allem steht?

Schon in der 29. KW 2022 ging es durch die Medien: Der Vatikan hatte in einer offiziellen Erklärung den deutschen Katholiken weitgehende Reformen im Alleingang verboten. Der Synodale Weg in Deutschland sei nicht befugt, die Bischöfe und die Gläubigen zur Annahme neuer Formen der Leitung und neuer Ausrichtungen der Lehre und der Moral zu verpflichten. Es sei nicht zulässig, in den Diözesen vor einer auf Ebene der Universalkirche abgestimmten Übereinkunft neue amtliche Strukturen oder Lehren einzuführen, welche eine Verletzung der kirchlichen Gemeinschaft und eine Bedrohung der Einheit der Kirche darstellen würden.

Unmissverständlicher kann man nicht entlarven, dass man für Macht steht und nicht für den Geist der Nächstenliebe. Was erwartet man also ernsthaft von Rom in Bezug auf die zaghaften Reformansätze?

Der bekannte Münsteraner Professor für Kirchenrecht Schüller hatte zuvor bereits kommentiert:

»(…) so kann es mit den Blütenträumen der deutschen Synodalen gehen: sie zerplatzen an den römischen Mauern. Rom stellt ein Stoppschild auf und beharrt auf seinem alleinigen Führungsanspruch, was die Veränderung von Macht und Lehre in der Kirche angeht«.

Vertreter der katholischen Kirche in Deutschland hatten allerdings zunächst – auch öffentlich – dagegengehalten. Man hat den Synodalen Prozess fortgesetzt. Aber jetzt?

Sitzt Rom das aus oder geht man sogar zur offenen Konfrontation über? Oder soll schlicht Gras darüber wachsen? Das wäre mit einem hohen Maß an Wahrscheinlichkeit fatal.

Dieser Prozess wird von Menschen in allen Teilen der Welt beobachtet. Und vielleicht oder vielleicht sogar sicher entscheidet sich an dieser Stelle, ob die katholische Kirche in Deutschland auf mittlere Sicht in der Bedeutungslosigkeit verschwindet oder durch mutiges Verhalten eine neue Anhängerschaft findet beziehungsweise die Menschen innerhalb und außerhalb der Kirche von ihrem Wert überzeugt. Das könnte sich eventuell auch auf die Austrittswelle auswirken.

Kirchenpolitisch ist das eine Auseinandersetzung von globaler Dimension und großer historischer Bedeutung im Sinne einer möglichen Zeitenwende. Weg von unzeitgemäßen Machtansprüchen, hin zu einer vorbildlichen Kultur von Liebe und Respekt. Man könnte ein Zeichen setzen für die Welt.

Es wird spannend.

Die von den deutschen Katholiken angesprochenen Themen und Lösungsansätze weisen in die richtige Richtung (»Schablone Nächstenliebe«). Sie dürften mit Rom aber nur schwer umsetzbar sein.

Dann eben ohne Rom?

Selbst wenn man nicht so kritisch zu Rom steht wie viele, wird man nicht abstreiten können, dass substantielle Reformen von dort her mit an Sicherheit grenzender Wahrscheinlichkeit nicht zu erwarten sind. Das zeigt ein schlichter Blick in die Geschichte. Wer Christentum im Sinne des biblischen Jesus will, muss Rom die Stirn bieten. Sonst naht nicht der Nachmittag (Tomas Halik – Der Nachmittag des Christentums), sondern der Abend des Christentums in Deutschland und Westeuropa. Das ist nicht so unwahrscheinlich, wie viele noch denken. Es wäre allerdings ein Vorgang von immenser historischer Dimension mit Auswirkungen auf das ethisch-moralische Weltklima.

Ende September 2022 gab es die »KirchenVolksKonferenz« (150 Vertreter von 36 christlichen Organisationen), bei der sogar von der Notwendigkeit einer Revolution die Rede war. In dem veröffentlichten »Gemeinsamen Wort« heißt es:

»Die römisch-katholische Kirche wird wegen Missbrauch und Vertuschung sowie Menschenrechtsverletzungen und vielfältiger Diskriminierungen ihrer Verantwortung immer weniger gerecht«.

Rom und die deutsche katholische Kirche dürften gewarnt sein. Gehen ihr solche kirchlichen Organisationen von der Fahne, rückt die völlige Bedeutungslosigkeit noch näher.

Wie sagte ein Teilnehmer:

»Ich glaube, dass sich die Kirche selbst zerstören muss, um sich wieder neu aufzubauen.«

Ist sicherlich etwas zu dramatisch und realistischerweise nicht umsetzbar, zeigt aber den Widerstandswillen vieler Menschen, die noch relativ nahe zur Kirche stehen. Wenn man es immer noch mit der Kirche hält, kann man nur hoffen, dass die Verantwortlichen den Knall gehört haben.

Und Rom hat kaum Chancen, wenn die deutschen Katholiken beharrlich bleiben. Ohne Kirchenspaltung, aber beharrlich. Rom wird die deutsche katholische Kirche nicht rausschmeißen. Schon aus wirtschaftlichen Gründen ist das ausgeschlossen. Also Rückgrat zeigen.

ÖKUMENE

Ein weiterer Prüfstein wird eröffnet mit der Frage, warum die katholische Kirche sich nur auf eine Gastrolle bei der sog. Ökomenischen Bewegung – weltweite Einigung und Zusammenarbeit christlicher Kirchen – beschränkt und beharrlich Distanz hält zu den anderen christlichen Kirchen – in Deutschland zu den hier ebenso bedeutsamen evangelischen Kirchen. Ein möglicher Bedeutungszuwachs für das Christentum wird so behindert.

Und wieder ist das Problem Rom. Hat doch noch der emeritierte Papst Benedikt XVI. 2010 den Protestanten das Recht abgesprochen, ihre Glaubensgemeinschaft als Kirche zu bezeichnen. Zur Begründung hieß es: Protestanten und andere christliche Gemeinschaften, die nicht den Papst anerkennen, könnten sich nicht auf die sog. »apostolische Sukzession« berufen. Damit ist die katholische Lehre gemeint, wonach sich Päpste und Bischöfe noch heute auf den Auftrag Jesu Christi an die Apostel zur Glaubensverbreitung berufen.

Auch dieser Alleinstellungsanspruch ist von Menschen gemachtes Machtgehabe und im Hinblick auf die Jesus-Formel von Liebe und Respekt nicht zu verstehen. Den meisten Katholiken in Deutschland ist das heute eher peinlich. Auch hier geht man deshalb in der Praxis schon lange weiter als Rom offiziell erlaubt.

Kurz zur Unterscheidung:

Für die Protestanten ist die Heilige Schrift einzige Quelle des Glaubens. Bei den Katholiken kommen die so genannten Überlieferungen hinzu, von Menschen im Laufe der Zeit entwickelt zur Stabilisierung des Apparats. Der Glaube wird insbesondere bei den Katholiken – so sehen das viele – überfrachtet mit von Menschen entwickelten symbolisch-rituellen Handlungen. Das dient in subtiler

Weise der Ausübung von Macht. So gibt es bei den Katholiken die so genannten Sakramente: Taufe, Firmung, Eucharistie, Beichte, Ehe, Priesterweihe und Krankensalbung. In der evangelischen Kirche sind es nur zwei: die Taufe und das Abendmahl.

Nach der katholischen Lehre ist das Amt des Priesters nur für Männer vorgesehen. Im Evangelischen hingegen ist es Frauen erlaubt, das Amt der Pfarrerin auszuüben und zu heiraten.

Während die Protestanten überwiegend davon ausgehen, dass beim Abendmahl das Brot den Leib und der Wein das Blut Jesu nur symbolisieren, wandeln sich Brot und Wein in der katholischen Messe wirklich in Leib und Blut Jesu um (Transsubstantiation). So jedenfalls das offizielle Verständnis.

Letzteres glaubt, wenn man gezielt nachfragt, kaum noch jemand. Wer das aber so glaubt und in diesem Glauben aufgewachsen ist, empfindet das möglicherweise als eine Selbstverständlichkeit. Warum nicht? Das zu glauben schadet niemandem, bringt manche Menschen zu einer religiösen Bindung im Sinne der Sehnsucht nach dem Unbegreiflichen. Kardinal Ratzinger: »Die eucharistische Verwandlung bezieht sich per definitionem nicht auf das, was erscheint, sondern auf das, was nicht erscheinen kann« (Kirche + Leben Lexikon). So formulieren typischerweise Theologen, wenn sie nicht zugeben wollen, dass bestimmte Glaubensinhalte intellektuell nicht haltbar und vertretbar sind. Durch solch hochtrabende Formulierungen entgehen sie dem Vorwurf, bestimmte Glaubensinhalte infrage zu stellen. Unser Dorfpastor pflegte zu sagen: »Das gilt nur für das einfache Volk.«

Für Außenstehende hat das die Qualität von kindlichem Wunderglauben. So etwas stößt ab und wird vielfach als intellektuelle Provokation empfunden. Ein Gesprächspartner hat es so formuliert: »So etwas erzeugt bei mir intellektuellen Schüttelfrost.«

Braucht es das in Bezug auf alle Menschen und zur Verbreitung der Botschaft von Liebe und Respekt? Macht es Sinn, andere Menschen davon überzeugen zu wollen, dass es wertvoll ist, dies zu glauben? Bringt der Glaube z.b. an diese Vorstellung die Menschheit weiter? Oder dient das nur der vermeintlichen Stabilisierung des eigenen religiösen Systems? Eine grobe Fehleinschätzung. Jesus hat beim Abendmahl das Brot mit seinen Jüngern geteilt. Und an diese symbolische Handlung – und damit an den Botschafter der Nächstenliebe – zu erinnern, ist eindrucksvoll genug. Mehr daraus zu machen, birgt die Gefahr in sich, die Bedeutung dieser Geste des biblischen Jesus zu entwerten, sodass die Menschen nicht einmal mehr die Symbolik interessiert.

Wer all die im Laufe der Jahrhunderte entwickelten Glaubensinhalte (siehe Katechismus der katholischen Kirche) braucht und alles oder vieles von dem im Sinne der Kirche glaubt, mag damit glücklich leben. Wenn man aber die anderen Menschen erreichen will, die Welt insgesamt etwas besser machen will, muss man intellektuell nachvollziehbare Inhalte vermitteln, um – jenseits aller Glaubensinhalte – den Glauben an die Kraft und die Bedeutung der Liebe vermitteln zu können; auch den Menschen, die nicht gläubige Christen sind, sondern außerhalb dieses religiösen Systems leben. Aber auch die noch Gläubigen darf man nicht überfordern u.a. mit jungfräulicher Geburt, Himmelfahrt Mariens, Unfehlbarkeit des Papstes etc. – gegen alle Regeln der Vernunft. Das erzeugt Unverständnis und Ablehnung. In weiten Teilen der Welt werden die Kirchen noch offiziell gehuldigt. Mit der Erhaltung christlicher Werte geht das unverkennbar nicht einher.

Misst man die Bedeutung und Verständlichkeit der katholischen Kirche z.B. an den Messbesuchen, ist das eine Abstimmung mit den Füßen. Immer weniger, überwiegend Ältere und kaum noch Junge. Wie will eine solche Organisation überleben?

Hinzu kommt die Welle der Kirchenaustritte. Die Missbrauchsskandale sind Brandbeschleuniger, aber nicht die einzige Ursache. Die katholische Kirche verharrt in einem Selbstverständnis und einer Sprache, die kaum noch jemand versteht. Dass die Kirchenaustritte in den evangelischen Kirchen ähnlich hoch sind, ist keine Entschuldigung, aber vielleicht eine Erklärung. Die christlichen Kirchen müssen raus aus ihrer Regelstarre und sich der Realität stellen. Die Vorgänge in der Gesellschaft und der Welt aus dem Geist der Nächstenliebe behutsam und verständlich kommentieren.

Ein Blick in die Ökonomie, Disziplin Marketing: Ein Wirtschaftsunternehmen, das nicht das anbietet, was die Menschen verlangen, landet in der Insolvenz. Und: Die Werbebotschaft für ein Produkt oder sonstige Leistung darf nicht zu kompliziert sein. In der Werbewirtschaft wird auch Glaubwürdigkeit empfohlen.»Wenn Sie sagen, dass Ihre Qualität oder Ihr Wert der ,beste' ist und das eindeutig nicht der Fall ist, wird die Werbung Ihren Untergang beschleunigen, anstatt Ihr Geschäft zu steigern.« (Aussage einer Werbeagentur im Internet)

Auch die Botschaft des Christentums muss in einer Sprache daherkommen, die die Menschen verstehen und ihr Interesse weckt. Es geht um die Frage, ob Christentum überhaut und nicht um katholisch oder evangelisch. Es geht um die Sache des biblischen Jesus:»Du sollst Gott lieben und deinen Nächsten wie dich selbst.« – Punkt. Alles andere ist Menschenwerk. Unwichtig für die Welt, wenn sie besser werden soll.

Es trennen die protestantischen von den katholischen Christen nur von Menschen gemachte Unterschiede. Die nachlesbaren theologischen Begründungen sind nicht überzeugend und denklogisch nicht nachvollziehbare Rechtfertigungsversuche von systemtreuen Karriere-Theologen. Die in Deutschland gelebte Praxis ist schon ein ganzes Stück weiter.

Wegen dieser von Menschen gemachten Unterschiede wurde

z.B. u.a. im 30-jährigen Krieg (1618-1648) gekämpft, und es gab circa 6 Millionen Tote; gab es die Hugenottenkriege in Frankreich (1562-1598), gab es in jüngerer Zeit den immer noch schwelenden Nordirland-Konflikt. Jeweils ein Gemisch von Religionskrieg und Machtspielen im christlichen Milieu.

Typisch Rom. Katholiken dürfen nicht an protestantischen Abendmahlsfeiern teilnehmen, weil diese nach katholischer Auffassung ungültig sind. Jesus soll gesagt haben:»Wo zwei oder drei in meinem Namen versammelt sind, da bin ich mitten unter ihnen.« Katholisch interpretiert heißt das: Aber nicht, wenn Protestanten dabei sind. So etwas zerstört den Wert der christlichen Botschaft von Liebe und Respekt. In Rom merkt das keiner, versteht das anscheinend niemand oder es interessiert vielleicht niemanden, ausgenommen vielleicht den jetzigen Papst (86). Aber hat der noch das Sagen? Oder hat er resigniert?

Wo leben wir, dass Menschen sich anmaßen entscheiden zu wollen, wie Christen sich zu Christen zu verhalten haben? Christen sind aufgerufen, mit der Lehre von der dreidimensionalen Liebe gemeinsam die Welt besser zu machen. Wenn nicht jetzt – wo der Frieden auf der Welt aus dem Ruder läuft (bis zur Gefahr eines Atomkrieges) und der Klimawandel uns massiv bedroht – wann dann?

Wenn die christlichen Kirchen nicht in der Bedeutungslosigkeit verschwinden wollen, müssen sie endlich den Reset-Knopf drücken. Dazu bedarf es einer veränderten inneren Struktur und einer völligen Veränderung im Außenauftritt, in Form der Vermittlung einer einfachen, nachvollziehbaren, auf der Nächstenliebe basierenden Botschaft und Aufweisung erheblicher Mittel für die Unterstützung Bedürftiger. Ob ich erreiche, dass jemand katholischer oder protestantischer Christ wird, ist dabei ohne Bedeutung. Das könnte eine Folge davon sein, sofern die christlichen Kirchen sich gleichzeitig zu vorbildlichen

Organisationen entwickeln, bei denen man spürt und erlebt, was Liebe und Respekt bedeuten.

Der von Menschen gemachte Ballast von Macht und klerikaler Bevormundung, der sich über diese Botschaft gelegt hat, muss über Bord geworfen werden. Jeder redliche Christ und jede redliche christliche Glaubensgemeinschaft und Organisation wird gebraucht, wenn die Welt besser werden soll.

Was immer man zu tun hat, was immer man zu entscheiden hat, setzt man die Schablone von Liebe und Respekt an, ergibt sich die richtige Antwort – natürlich erst recht innerhalb der Kirche – wie von selbst. Ökumene, als weltweite Verbundenheit aller Christen und Christinnen, als weltweiter Solidarpakt für die Nächstenliebe, ist Christenpflicht. Dazu würde aktuell gehören, die russisch-orthodoxe Kirche mit aller Deutlichkeit aufzufordern, den Ukraine-Krieg zu verurteilen.

VORBILD ODER VERSAGER – MACHT ODER LIEBE?

Brauchen wir noch die römisch-katholische Kirche?

Die katholische Kirche, die größte christliche Religionsgemeinschaft, ist in unserer Medienwelt mit der Figur des Papstes in besonderer Weise eigentlich dafür prädestiniert, die Botschaft von Liebe und Respekt erfolgreich in die Welt zu bringen.

Das geht aber nicht nach dem Prinzip *Wasser predigen und Wein trinken*. Erfolgreicher Botschafter für die Nächstenliebe kann nur eine Kirche sein, die das vorlebt, was sie »predigt«. Eine Kirche, die aus der Beschäftigung mit der Realität dieser Welt nachvollziehbare und überzeugende Empfehlungen entwickelt für Frieden und soziale Gerechtigkeit. Wer möchte, dass die Menschen besser in Frieden miteinander leben, muss das wie gesagt zunächst einmal in der eigenen Organisation unter Beweis stellen.

In den folgenden Kapiteln will ich weiter der Frage nachgehen, wo, wie und warum nach Auffassung vieler die katholische Kirche in ihrer eigenen Organisation insoweit in vielen Bereichen versagt und wie eine Neujustierung aussehen könnte.

An der Spitze der katholischen Kirche steht der letzte absolute Regent Europas. Ist er einmal gewählt, ist er so lange Oberhaupt, wie er selbst will. Niemand kann ihn zur Abdankung zwingen.

Innerkirchlich gilt er als oberster Herr der Gesamtkirche und »Stellvertreter Christi auf Erden«. Kann eine Institution, ein Mensch, das für sich in Anspruch nehmen, die bzw. der Jesus als Sohn Gottes verehrt? Stellvertreter des Sohnes Gottes? Das ist doch Hybris.

Selbst »Nachfolger des Fürsten der Apostel« ist umstritten, aber eher erträglich.

Dieser angeblichen Gottesnähe ist wohl die Tatsache geschuldet, dass der Papst nicht nur höchste Autorität in Glaubens- und Sittenfragen, sondern auch in Fragen der kirchlichen Disziplin und Leitung besitzt. Laut Kirchenrecht entscheidet er allein, was Recht ist und wer Recht hat. Staatsrechtlich hat das die Qualität einer Diktatur. Und das sollen die sogenannten Gläubigen im 21. Jahrhundert noch akzeptieren? Das ist abwegig, disqualifizierende Realitätsferne.

Die Bedrohung mit Hölle und Fegefeuer zur Warnung vor Ungehorsam reicht auch nicht mehr aus, die Menschen innerhalb und außerhalb der Organisation zu beeindrucken. Das verfängt in dieser aufgeklärten Welt nicht mehr, den Rest der Naiven ausgenommen.

Die so genannte frohe Botschaft von der Nächstenliebe kann nur transportiert werden über Empfehlungen und beispielhaftes Vorleben. Und genau da liegt seit Jahrhunderten die Schwäche oder das Versagen der Katholischen Kirche – aber auch anderer christlicher Kirchen.

Für Liebe und Respekt zu werben als Kernaufgabe, ist die logische Konsequenz der Berufung auf den biblischen Jesus – alles andere ist, wie aufgezeigt, weit nachrangig oder weitgehend bedeutungslos.

»Die Haltung gegenüber dem Nächsten wird zeigen, ob man die Gnade und Liebe Gottes angenommen oder zurückgewiesen hat«, soll laut Matthäus Jesus gesagt haben.

Ein weiterer Beleg für die absolute Priorität der Nächstenliebe bei Jesus. Findet sich so unter anderem im katholischen Katechismus, wird aber bei Weitem nicht mit der von Jesus vorgegebenen Priorisierung versehen.

Ich kenne im Übrigen keinen unter den vielen Katholiken, mit denen ich Kontakt habe, der seit seiner Grundschulzeit noch jemals im Katechismus – das kleinteilige Rezeptbuch für ein christliches Leben – gelesen hat. Mit am meisten verwendeter Begriff dort ist der von der »heiligen Mutter Kirche«. Dass eine von Menschen geschaffene Organisation sich als heilig bezeichnet, stößt viele Katholiken und erst recht Außenstehende ab. Und im Lichte der unzähligen Skandale löst das umso mehr heftige Empörung aus. Die meisten meiner Gesprächspartner empfanden das nur als peinlich.

Die katholische Kirche findet u.a. auch deshalb bei den Menschen in der heutigen Zeit immer weniger Gehör. Man versteht deren Positionen einfach nicht mehr. Man hört immer wieder: Der römische Kirchenapparat ist doch nur darauf ausgerichtet, den Menschen Vorschriften machen zu wollen und Geld einzusammeln. Er legt dabei ein völlig unzeitgemäßes Machtgehabe an den Tag, das mit dem heutigen Menschenbild nicht mehr vereinbar ist. Es fehlt jeder Ansatz von Einbeziehung, Mitbestimmung und gelebter Zuneigung und Hinwendung.

Christliche Kirchen sollten idealiter Leuchttürme der Nächstenliebe sein und der Welt Orientierung geben.

Stattdessen Vorschriften und Bevormundung wie in einer Diktatur oder einer Sekte. Das ist das Christentum der Priester (Nietzsche), nicht das des biblischen Jesus.

Unsensibel und lieblos geht man z.b. mit der Würde vieler Menschen um (Empfängnisverhütung, Homosexualität, Verweigerung der Frauenordination, Beibehaltung des Pflichtzölibats, Behandlung von Wiederverheirateten) und versucht das auch noch theologisch zu begründen. Das wiederum intellektuell so schwach, dass man damit nur noch die ganz Naiven überzeugen kann.

Die Ereignisse der letzten Jahre und Jahrzehnte, wie mehrfach in diesem Buch aufgezeigt, sind der aktuelle Beleg für die seit

Jahrtausenden fortschreitende Entfernung von der Lehre des biblischen Jesus. Warum missachtet der Apparat systematisch die Botschaft seiner Leitfigur?

Jesus hat sicher auch nicht – wie kirchlicherseits oft behauptet wird – die Sakramente zur Gnadenvermittlung eingesetzt. Der hat gar nichts eingesetzt. Er hat die Botschaft von der Liebe auf einzigartige Weise platziert. Damit ist der Auftrag klar. Die katholische Kirche und auch die anderen christlichen Kirchen müssen in diese wertvolle Aufgabe wieder hineinwachsen. »Back to the roots« muss es heißen, will man noch eine Chance haben, an der Verbesserung der Welt mitzuwirken. Gelingt das nicht, sind die Kirchen überflüssig und werden ihren Gang in die Bedeutungslosigkeit nicht aufhalten können. Man sollte sich nicht durch die Zahl der Christen in dieser Welt täuschen lassen. Statistik ist keine Aussage zur Substanz.

»Wenn man wie die Kirche über die Jahre nicht wirklich nach dem Wort Gottes handelt, geht man in den Abgrund.« (Prof. Beinert, Theologe). Und genau das zeichnet sich ab.

Wer aber soll an ihre Stelle treten und in welcher Form? Gurus und andere Heilsprediger stehen parat. Der Erfolg der Esoterikbranche spricht für sich und für das Bedürfnis der Menschen nach Spiritualität und Übersinnlichem ist unverkennbar.

Christentum ist, wie man in der Wirtschaft sagt, eine Marke von noch relativ hoher Strahlkraft. Aus der Wirtschaft / dem Marketing weiß man, dass es ungeheuer schwierig ist, eine solche Marke zu entwickeln. Würde die Kirche diese Strahlkraft seriös nutzen, könnte sie dauerhaft einen wertvollen Beitrag leisten zur Verbesserung der Welt. Speziell die katholische Kirche muss schon wie gesagt nachvollziehbar belegen, wofür sie noch steht und welchen Beitrag sie für diese Welt leisten will – außer Macht ausüben zu wollen und Geld einzusammeln zum Erhalt der Macht-zentrale Vatikan.

Kann das überhaupt noch gehen und wenn ja, wie?

Statt sich mit vielfach nicht mehr nachvollziehbaren Glaubens-fragen, Glaubenssätzen und Dogmen zu beschäftigen, statt sich mit ihr nicht zustehenden Verboten und Geboten zum Sexualverhalten zu outen, sollte die katholische Kirche – aber natürlich auch alle an-deren christlichen Kirchen – sich mit Empfehlungen zur Herstellung von Frieden und sozialem Ausgleich in die Entwicklung der Welt einbringen – bescheiden und jeweils wohlbegründet:

- Verzicht auf jede Form von Machtausübung über Menschen,
- Verzicht auf den Ausspruch von Verboten und Weisungen,
- Ratgeber ohne jeden Anspruch auf Unfehlbarkeit und Allwissenheit,
- tolerant und barmherzig aus dem Geist der Liebe.

So habe ich jüngst irgendwo in einem christlichen Medium gelesen. Dem kann man sich nur anschließen.

Gemäß dem biblischen Jesus kommt wie gesagt zuerst die Liebe und dann lange nichts mehr. Die Kirchenoberen und namhafte Theologen sind allerdings der Meinung, dass das zu wenig ist und man ihre Religion nicht darauf reduzieren dürfe. Das begründet sich damit, dass man – ohne das natürlich einzugestehen – davon aus-geht, ohne die entwickelten Glaubensvorschriften und Glaubens-inhalte die darauf basierende Macht über Menschen nicht mehr ausüben zu können. Der römische Apparat steht seit Jahrhunderten, wie dargelegt, nicht mehr für Liebe, sondern für primitive Macht. Der Apparat wird seit unvordenklicher Zeit weitgehend beherrscht von Ungläubigen, die die Tatsache ausnutzen, dass es Gläubige gibt, habe ich irgendwo gelesen. Wenn Sie das vertiefen wollen, lesen Sie Hans Küngs »Ist die Kirche noch zu retten?«.

Diese Abweichung von der eigentlichen Botschaft ist das sich immer mehr von der Welt entfernende Konstrukt namens *katholische Kirche*. Die biblische Liebesbotschaft lässt sich mit Machtausübung nicht vereinbaren. Machtausübung geschieht aber mittels religiöser Vorschriften und subtil zusammengestellter Glaubensinhalte, die man zu akzeptieren hat, will man katholisch sein.

Bestandsaufnahme:

Den christlichen Kirchen in Europa hören nur noch wenige ernsthaft zu. Wie die Situation weltweit ist, lässt sich schwer von Europa aus beurteilen. Was man aber von den typisch katholischen Regionen der Welt wie Lateinamerika erfährt und wahrnimmt, lässt den Schluss zu, dass das offiziell gehuldigte Christentum auch dort wenig echte Anhängerschaft im Sinne der Jesus-Formel hat bzw. seine Kraft verloren hat. Wie sonst sind die Ausmaße von Armut, Korruption und organisierter Kriminalität zu erklären? Dass viele katholische Geistliche dort an der Seite der Armen stehen, sollte an dieser Stelle nicht verschwiegen werden. Zu denen soll auch der jetzige Papst Franziskus gehört haben.

Speziell durch die unzähligen Missbrauchsfälle – weltweit – hat die katholische Kirche nicht nur beim Thema Sexualität nahezu jede Autorität verloren.

Vorschriften zum Sexualverhalten der Gläubigen waren aber wie gesagt seit jeher die »Paradedisziplin« der römisch-katholischen Kirche.

Und wer sich mit der Glaubwürdigkeit der katholischen Kirche in Sachen Sexualverhalten befassen will, der sei hingewiesen auf die umfangreiche Literatur zur Kirchengeschichte und zum Sexualverhalten der Päpste, Bischöfe, christlichen Fürsten, Priester und Ordensleute. Das ist eine üble Horror- Geschichte. Was dem Volk verboten wurde, wurde auf Seiten der Mächtigen in der Kirche skrupellos ausgelebt. Deshalb sollte speziell die katholische Kirche zu Sexualfragen weitgehend schweigen bis auf die Fälle, in denen Grenzen überschritten werden, die fast allen Menschen gemeinsam sind.

Denn auch beim Sexualverhalten der Menschheit gibt es natürlich Grenzen. Diese werden jedoch weitgehend angemessen und ausreichend gezogen durch die staatlichen Gesetze – jedenfalls in den demokratisch regierten Ländern der Welt.

Und wer nur ein wenig christlich sozialisiert ist, im echten Sinne des Wortes, weiß, wann er sich in sexueller Hinsicht danebenbenimmt – nämlich immer dann, wenn Liebe und Respekt dem anderen versagt werden. Das spürt der Mensch, wenn er es auch z.B. aus sexueller Gier verdrängt.

Diese Priorisierung auf Sexualverhalten ist beim biblischen Jesus nicht festzustellen, obwohl er sich auch zu Sexualverhalten laut Bibel geäußert haben soll. So wird Jesus zitiert mit der Äußerung:

»Ich aber sage euch: Wer ein Weib ansieht, ihrer zu begehren, der hat schon mit ihr die Ehe gebrochen in seinem Herzen.«

Das ist sicherlich eine rigorose Position. Sie wird aber nicht vermittelt mit einem Verbot oder einer Strafandrohung. Jesus arbeitet traditionell mit Empfehlungen. Wie bei der Feindesliebe arbeitet er mit einem hohen Anspruch, mit dem Ideal kompromisslosen Liebesverständnisses, das er entsprechend konsequent gelebt hat, ohne Gleiches von den Menschen zu fordern. Das wiederum wäre als Überforderung nämlich mit der Liebesbotschaft nicht vereinbar.

Hingewiesen sei so auf die Geschichte der Ehebrecherin, die

gesteinigt werden sollte. Jesus rettet die Situation nach der biblischen Schilderung mit der provokativen Aufforderung:

»Wer ohne Sünde ist, werfe den ersten Stein.«

Jesus ging es um Liebe, Milde und Respekt im Alltag, auch in solchen Situationen.

Zur katholischen Sexuallehre später.

Unverkennbar hat der biblische Jesus seine Botschaft insbesondere aber auch den Armen und Bedürftigen gewidmet. Damit ist eine weitere große Aufgabe der christlichen Kirchen beschrieben.

Aus Nächstenliebe kommt Friedensliebe, kommt Sozialverhalten, kommt die Bereitschaft abzugeben.

Wie aber kann man den Wert gelebter Liebe der Welt vermitteln? Die Antwort lautet: Dieses Erfolgsprinzip der Welt durch ständige Erinnerung erhalten und entwickeln.

Nochmals nachgefragt. Brauchen wir dazu wirklich noch die christlichen Kirchen und da insbesondere die römisch-katholische Kirche?

Gegenfrage: Wer käme sonst in Frage? Bedarf nicht jede gute Idee einer organisierten Pflege?

So wurde die UNO gegründet, um freundschaftliche Beziehungen zwischen den Staaten sowie die Zusammenarbeit in den Politikfeldern *Menschenrechte, Entwicklung, Wirtschaft* und *Kultur* zu fördern (DGVN). Auch das erklärt sich aus dem Geist des Christentums, wenn auch die UNO keine wirkliche Erfolgsstory ist.

Eine Glaubensgemeinschaft, die sich der Idee der Nächstenliebe verschreibt und sie für die Welt pflegen und erhalten will, muss Liebe überzeugend vorleben, ein gutes Beispiel geben. Das könnte dann Nachahmer finden, Multiplikatoren, die für ein neues Schneeballsystem der Liebe sorgen.

So haben sich im Prinzip alle Religionen anfangs entwickelt, bis irgendwelche Machthungrigen die ursprünglich gute Botschaft in ein Machtgefüge verwandelt haben.

Lassen Sie uns am Beispiel der katholischen Kirche weitergehend überprüfen, ob sie noch eine Chance hat, als Anwalt der Nächstenliebe zu bestehen. Warum geht das nach Überzeugung vieler Menschen in der derzeitigen Verfassung nicht?

ROM DIE MACHT NEHMEN?
KIRCHENSPALTUNG?

Schauen wir also noch genauer auf die katholische Kirche. Liebe oder Macht, das ist wie gesagt die Frage. Wofür steht die Kirche? Wo steuert sie an der Wirklichkeit des heutigen Lebens vorbei, ist sie dabei, sich abzuhängen bis zur Bedeutungslosigkeit? Wie aufgezeigt steht die katholische Kirche für Macht, für Macht über ihre Gläubigen. Das gilt für die Päpste und ihre Kurie. Die Kurie, die er vorgefunden hat, hat Papst Franziskus schon kurz nach seinem Amtsantritt unverhohlen beschrieben:

»Eine Kurie, die keine Selbstkritik übt, ist ein kranker Leib ...
»Es ist die Krankheit derer, die sich ihn Gebieter verwandeln ...
»Die Krankheit des geistlichen Alzheimer ...
»Der Rivalität und der Eitelkeit ...
»Es ist die Krankheit derer, die ein Doppelleben führen ...
»Die Krankheit des Tratsches .«

Das ist heftig.

Der Papst ist glaubwürdiger Zeitzeuge aus eigener Anschauung und Erfahrung. Er dürfte den inakzeptablen Zustand der vorgefundenen römischen Machtzentrale zutreffend beschrieben haben. Die Frage ist nur, was daraus folgt. Ob diese Einschätzung eines Insiders der Beginn eines Neuanfangs ist oder sich nur als eine kleine Episode in der Geschichte der Kirche erweist, die sich mit dem Ende der Amtszeit von Franziskus erledigt. Franziskus hat personelle und organisatorische Änderungen vorgenommen. Sieht man die Reaktionen auf den deutschen Synodalen Weg, hat das anscheinend wenig oder zu wenig gebracht. Die nahezu grenzenlose Macht, die die Kirche einmal hatte, ist ihr genommen. Vermutlich auf absehbare Zeit oder gar für immer. Noch hat Rom das nicht begriffen oder gerade doch.

Der römische Apparat der katholischen Kirche kann seine Macht nur deshalb noch in Teilbereichen ausüben, weil die deutschen und die Katholiken in aller Welt und ihre Bischöfe und Priester sie zulassen. Was könnte Rom machen, wenn sich die deutsche katholische Kirche z.b. mit der Bewegung *Synodaler Weg* über das Votum aus Rom hinwegsetzen würde? Das muss sich in unserem Beispiel nicht auf die theologische Verbundenheit (Theologie, die Lehre von Gott) beziehen, sondern nur auf Organisationsmacht. Die Teilkirchen in den Ländern dieser Welt sollten sich die ihr zustehenden Rechte schlicht nehmen, die Grenzen ihrer Freiheit im Geiste des Rechts auf eigenständiges Denken und Handeln austesten, bei gleichzeitig bleibender Verbundenheit mit dem biblischen Botschafter von der dreidimensionalen Liebe.

Das ist im Sinne der Nächstenliebe kein Widerspruch. Im Gegenteil. Jesus hat sich bei seiner Botschaft weder beirren noch beindrucken lassen. Und wer waren seine Feinde? Natürlich die Mächtigen. Und mit deren Widerstand muss man typischerweise rechnen, wenn man für die Botschaft von der Nächstenliebe eintritt. Die Mächtigen stört Nächstenliebe.

Der Vatikan ist eher auf die deutsche Kirche angewiesen als umgekehrt. Er maßt sich an festzulegen, dass Frauen nicht Priesterinnen werden können, und maßt es sich an, seinen Priestern den Pflichtzölibat abzuverlangen usw. Und das weltweit. Die Teilkirchen haben sich diesem Diktat zu beugen.

Hallo! Wir leben im 21. Jahrhundert. Über 200 Jahre nach der Aufklärung.

»Aufklärung ist der Ausgang des Menschen aus seiner selbstverschuldeten Unmündigkeit. Unmündigkeit ist das Unvermögen sich seines Verstandes ohne Anleitung eines anderen zu bedienen.« (Kant)

Rom lebt anscheinend immer noch in der Illusion, diesen Machtanspruch noch lange aufrechterhalten zu können. Das ist mit an Sicherheit grenzender Wahrscheinlichkeit ein fataler Irrtum.

Die große Zahl der Kirchenaustritte in Deutschland ist ein unübersehbares Signal mit auch finanziell möglicherweise schwerwiegenden Folgen.

Dabei handelt es sich bei den meisten Kritikpunkten nicht um Glaubensfragen, sondern um Widerstand gehen die Anmaßung und den Missbrauch von Macht, z.b. sexueller Missbrauch und dessen systematische Vertuschung gerade durch den Apparat, der seit Jahrhunderten den Menschen Vorschriften zum Sexualverhalten macht. Das ist Versagen von Klerikern und Ordensleuten und deren Abgleiten ins Verbrechertum, wie an anderer Stelle beschrieben.

Viele Ausgetretene und Austrittswillige sind auch schlicht nicht mehr bereit, einer solchen Kirche Kirchensteuer zu zahlen. Ersparnisgründe spielen eine Rolle, aber auch, dass man diese Institution inhaltlich für überflüssig hält.

Das führt zurück zur Machtfrage auch im ökonomischen Sinne. Der Vatikan verrät nicht, wie arm oder reich er ist. Er legt einfach seine Zahlen nicht offen. Das meiste Geld erwirtschaftet er durch Erträge aus Geldanlagen in ungenannter Höhe. Offizielle Angaben über die Höhe des vatikanischen Vermögens gibt es nicht. Bekannt ist, dass es größtenteils aus Wertpapieren und Immobilien besteht. Laut katholisch.de schätzen Fachleute das Gesamtvermögen des Vatikans auf bist du 12 Milliarden €. Eine wichtige Einnahmequelle soll die Vatikanbank (IOR) sein.

Ein Teil des IOR-Überschusses wird dem Heiligen Stuhl überwiesen. Im Jahr 2015 sollen das 50 Millionen € gewesen sein.

Nur nebenbei: Über die dubiosen Geschäfte dieser Bank hat es in den letzten Jahren aufschlussreiche Buchveröffentlichungen gegeben mit Hinweisen auf Verbindung zur Mafia und der systematischen Geldwäsche als Geschäftsmodell (u.a. Gian Luigi Nuzzi – Vatikan AG – 2011; Alles muss ans Licht – 2015; David A. Yallop – Im Namen Gottes? – 1988; Hans Küng – Ist die Kirche noch zu retten? – 2011).

In den achtziger Jahren soll der »Bankier Gottes« genannte Roberto Calvi, Präsident der Banco Ambrosiano in Mailand (»Bank der Priester«), zusammen mit dem zwielichtigen amerikanischen Kardinal Marcinkus (Leiter der Vatikanbank IOR) waghalsige Geschäfte in Italien und Lateinamerika getätigt haben. 1982 wurde Calvi unter einer Londoner Brücke baumelnd entdeckt. Damals hieß es Selbstmord, später Mord. Erwiesen wurde das juristisch nicht. Kurz vor seinem Tod soll er gesagt haben:

»Wenn ich singe, stürzt der Vatikan ein.« (SZ vom 17.10.2010).

Laut Spiegel-Geschichte, 18.06.2012, soll Calvi in großem Stil dubiose Devisengeschäfte abgewickelt haben. Unter seiner Führung sei seine Bank eine gigantische Geldwaschanlage gewesen. Eine wichtige Rolle soll dabei die Vatikan-Bank gespielt haben. Nur sie habe ohne große rechtliche Auflagen, Geld ins Ausland überweisen können.

Das alles ist schlüssig ermittelt. Lesen Sie nach und bilden Sie sich Ihr eigenes Urteil.

Das alles können aber nicht sehr viele Katholiken gelesen haben, sonst würde die Austrittswelle noch größer sein.

Laut katholisch.de kann der Vatikan sich aus eigener Kraft

heute nicht mehr finanzieren. Er ist nach wie vor auf Spenden aus der Welt-Kirche angewiesen. Am 29. Juni eines jeden Jahres gibt es die weltweit veranstaltete Kollekte »Peterspfennig«. 2016 soll diese weltweite Kollekte dem Vatikan insgesamt 63 Millionen € eingebracht haben. Hiervon sollen 24 Millionen € im Auftrag des Papstes für karitative Projekte verwendet worden sein. Großspender sind traditionell Italien, die USA und Deutschland. Hinzukommt der Beitrag, den die Bistümer der Welt-Kirche über den Peterpfennig hinaus zur finanziellen Unterstützung des Vatikans leisten. 2015 sollen dies insgesamt 24 Millionen € gewesen sein.

Der Schlüssel zur Macht liegt noch im katholischen Kirchenrecht, das der Vatikan nur durchsetzen kann, weil die katholischen Christen sich diesem Recht freiwillig unterwerfen. Die Entscheidungen Roms können nicht durch Zwang vollstreckt werden, wie ein weltliches Urteil im Rechtsstaat. Der römische Apparat lebt also vom »freiwilligen« Gehorsam der so genannten Gläubigen.

Dazu gehört, dass Rom letztlich mitentscheidet bzw. allein entscheidet, wer – bezogen auf die ganze Welt – Bischof oder gar Kardinal wird. Dabei lassen sich die Bischöfe per Weihe zum Gehorsam verpflichten. Im katholischen Kirchenrecht gibt es den Canon 1271, wo es heißt:

»Die Bischöfe sollen aufgrund des Bandes der Einheit und der Liebe gemäß den Möglichkeiten ihrer Diözese zur Besorgung der Mittel beitragen, die der Apostolische Stuhl entsprechend den Zeitverhältnissen braucht, damit er seinen Dienst gegenüber der ganzen Kirche ordnungsgemäß zu leisten vermag«.

Für die Mittelbesorgung benötigt man natürlich gehorsame Bischöfe in den Bistümern dieser Welt. Und die Liebe wird zitiert als Hebel zur Herstellung von Gehorsam.

Bei der Bischofsweihe (höchste Stufe des sogenannten Weihe-sakraments) gibt der Weihekandidat ein öffentliches und freiwilliges Weiheversprechen ab.

Dabei heißt es unter anderem:

- Bist du bereit, dem Nachfolger des Apostels Petrus treuen Gehorsam zu erweisen?
- Bist du bereit, um des Herren willen den Armen und den Heimatlosen und allen gütig zu begegnen und zu ihnen barmherzig zu sein?
- Bist du bereit, für das Heil des Volkes unablässig zum allmächtigen Gott zu beten und das hohepriesterliche Amt untadelig auszuüben?

Die Klassifizierung als Sakrament ist das erste subtile Machtmittel. Die Treue gegenüber dem Papst wird in die Liste der vertretbaren inhaltlichen Versprechen subtil eingebettet, als einziger harter Faktor.

Schon bei der Priesterweihe versprechen die Kandidaten dem Bischof Gehorsam.

Gehorsam, Gehorsam, Gehorsam. Braucht es das?

Wer an Gott glaubt, wird ihm im Lichte des eigenen Gottes-verständnisses gehorchen wollen. Aber sich gegenüber Menschen und von Menschen geschaffenen Organisationen zum Gehorsam zu verpflichten, ist grenzwertig oder sogar grenz-überschreitend.

Ist es deshalb nicht eher eine subtile Form der Machtausübung von Menschen über Menschen, die sich hinter solchen Weiheriten verbirgt?

Kann ein Mensch das Recht haben, anderen Menschen Ge-horsam in dieser Form abzuverlangen? Wird es nicht immer unrealistischer zu glauben, dass junge Menschen dazu noch bereit sein könnten?

Kann ein Mensch, der sich dem biblischen Jesus verpflichtet fühlt, es zulassen, dass ich mich vor ihm verbeuge und Gehorsam verspreche? Wird der Glaube an Gott hier nicht zugunsten einer von Menschen geschaffenen Organisation missbraucht? Ist dieser Gehorsam möglicherweise mitverantwortlich für die Tatsache, dass Missbrauch von Kindern so lange vertuscht worden ist? Besteht bei solchen Gehorsamsversprechen nicht die Gefahr, dass die Organisation wichtiger genommen wird als der Glaube an Gott und die Botschaft des biblischen Jesus?

Kein Mensch ist verpflichtet, Gehorsam in dieser Form zu versprechen und sich vor anderen Menschen in dieser Form zu verbeugen. Nach der Konstruktion der Schöpfung verlangt selbst Gott, für die, die an ihn glauben, keinen Gehorsam. Er lässt dem Menschen seinen freien Willen.

Davon zu unterscheiden ist der Respekt vor den Gesetzen des Rechtsstaates und Formen von Disziplinar- und Fachaufsicht in Unternehmen und der öffentlichen Verwaltung; oder auch der Diensteid von Richtern, Beamten und Ministern. Hier geht es um rechtlich überprüfbare Rechtstreue, dem das Recht auf eine abweichende Meinung in der Sache immanent ist (Meinungsfreiheit, Glaubens- und Gewissensfreiheit, Recht auf freie Entfaltung der Persönlichkeit, Recht auf Anrufung der Gerichte/Justizgewährung etc.), wie es im Grundgesetz abgesichert ist.

Im Kirchenrecht der katholischen Kirche gibt es diese Absicherung nicht. Dort ist man einer nicht demokratisch ausgebildeten Organisation ausgeliefert mit einem unfehlbaren Oberhaupt als letzte Instanz. Denkverbote haben in der katholischen Kirche Tradition (Hasenhüttl, Glaube ohne Denkverbote). Nach Auffassung vieler auch ein gravierender Verstoß gegen die Botschaft von Liebe und

Respekt. Einer solchen Organisation Gehorsam zu versprechen, ist ein freiwilliger Eintritt in die partielle Rechtlosigkeit. Braucht das die Botschaft von der Nächstenliebe?

Wer diese kritische Position für unangemessen oder respektlos hält, mag überlegen, warum es keinen priesterlichen Nachwuchs gibt und viele Priester so früh wie möglich aufhören. Das ist die Realität. Und die Wirklichkeit ist, wie an anderer Stelle schon gesagt, der Schiedsrichter. Wer die Welt, so wie sie ist, nicht versteht, muss an ihr scheitern. Lösungen entwickeln, die der Welt gerecht werden, sind gefragt. Nächstenliebe und nicht Machtausübung braucht die Welt. Und Botschafter für diese Botschaft, die nicht gezwungen werden zu Gehorsam gegenüber der Organisation und zum Zölibat. Die Kraft muss aus Freiwilligkeit in Freiheit kommen. Die Emanzipation des heutigen Menschen ist Realität. Wer ihr nicht Rechnung trägt, muss scheitern. Vielen in Rom – (vermeintlich) kinderlosen alten Männern – ist das möglicherweise gleichgültig –»nach uns die Sintflut«. Deshalb muss die Teilkirche in Deutschland mutig ihren Weg gehen, der Botschaft von der Nächstenliebe willen.

In der evangelischen Kirche gibt es keine Priesterweihe. Die Pfarrer/innen oder Pastoren/innen werden lediglich durch eine Ordination in ihr Amt eingesegnet. Das muss doch reichen.

Die Weiheriten in der katholischen Kirche sind wohl kaum zu rechtfertigen mit der Botschaft des biblischen Jesus von Liebe und Respekt. Wenn Jesus sagt:»Weide meine Schafe, weide meine Lämmer «, dann hat er nicht an solche Formen von Machtausübung gedacht und die Menschen nicht als dumme Schafe im Auge. So interpretieren das allenfalls manche Kirchenoberen seit Jahrhunderten. Deren zeitweise skrupelloses Machtgebaren basiert auf der unerträglichen Anmaßung, Gott näher zu sein als das einfache Volk. Die Stellvertreter Christi haben so immer wieder Gott gespielt bis zur Hybris von der Unfehlbarkeit. Eindeutiger kann man die Existenz Gottes nicht leugnen. Und eindeutiger kann man nicht demonstrieren, dass man nicht wirklich in der Nachfolge des biblischen Jesus steht.

Aus Liebe handelt man freiwillig. Liebe erzwingen durch strukturelle Machtausübung bedeutet ihre Pervertierung. Max Weber definiert Macht als die Möglichkeit, innerhalb einer sozialen Beziehung den eigenen Willen auch gegen Widerstreben durchzusetzen, gleichviel, worauf diese Chance beruht. Und die Weltliteratur ist voll von Berichten und Belegen zur Gier des Menschen nach Macht.

Zu dem Christentum, das der biblische Jesus gemäß den Evangelien ausgerufen hat, passt das römische Machtgehabe in keiner Weise.

»Schablone Nächstenliebe«:

Der Kirchenapparat ist in seiner traditionell machtorientierten Struktur nicht mehr haltbar. Und auf Sicht so nicht überlebensfähig. Die massenhaften Kirchenaustritte in Deutschland sind ein unübersehbares Warnsignal.

Ein Schlüssel zur Begrenzung von Macht ist u.a. eine Veränderung der personalpolitischen Verantwortung.

Wer in Deutschland Bischof wird, kann nicht maßgeblich Rom bestimmen. Wenn der Synodale Weg die transparente Beteiligung von Laien bei der Bischofswahl fordert, ist das nur konsequent. Der Vatikan hat in Deutschland durch ein von den Konkordaten verursachtes kompliziertes Verfahren ein entscheidendes Mitbestimmungsrecht. Die deutschen Katholiken sollten dringend zur Beteiligung der Laien übergehen. Die deutsche Kirche bezahlt im Übrigen auch ihre Bischöfe und Pfarrer aus Staats- und Kirchensteuermitteln und nicht Rom.

Der christlichen Sache wegen muss man diesen Weg gehen. Zudem müssten gerade diejenigen, die am Erhalt der katholischen Kirche in Deutschland interessiert sind, diesen Weg unterstützen. Für die Menschen da sein oder für den Apparat? – Das ist die Frage.

Der Vorsitzende der Deutschen Bischofskonferenz hat es kürzlich – im Hinblick auf die Kritik des Vatikans am Synodalen Weg – so formuliert:

»Wer sich heute dem Dialog mit der Gegenwart entzieht, ja, ihn programmatisch zurückweist, der verliert jede Möglichkeit, die Gegenwartskultur auch kritisch verändernd zu durchdringen und Menschen von heute für das Evangelium Jesu Christi zu gewinnen.«

Das ist der Punkt.

Der römische Machtapparat scheint inhaltlich daran gar nicht interessiert, sondern nur daran, Untergebene zu behalten und zu gewinnen – selbst unter Papst Franziskus. Dem sollten die Katholiken in Deutschland ein Ende setzen, der christlichen Botschaft von der Nächstenliebe wegen. Diesen von Macht und Diskriminierung geprägten römischen Apparat braucht die Welt in dieser Form nicht mehr. Er muss, sofern seine Erhaltung sinnvoll und wünschenswert ist, zumindest von der Basis her diszipliniert werden.

Ohnehin war die Macht der Zentrale nicht schon immer so groß wie heute. Auch theologisch nicht. Der berühmte Thomas von Aquin soll gesagt haben, dass es auf die Meinung der Gläubigen ankommt (sensus fidelium). »Wenn die Rezeption durch die Gläubigen nicht staatfindet, ist die Weisung nichtig.« (Prof. Beinert, Theologe, über Thomas von Aquin)

Wie bisher jedenfalls geht es mit der Katholischen Kirche aus Sicht der noch Interessierten nicht weiter, will sie noch irgendetwas Positives für die Weltgemeinschaft beitragen. Die Angepasstheit und Unterwürfigkeit der rechtlich gegenüber Rom machtlosen Bischöfe ist ebenso erschreckend wie bedrohlich für die Existenz der katholischen Kirche. Viele, nicht nur Ehemalige, haben sie allerdings ohnehin schon abgeschrieben. Die Verbliebenen sollten Rom schlicht die Macht nehmen. Einfach machen. Dazu braucht es nicht so etwas Dramatisches wie eine Kirchenspaltung. Das führt zu nichts und schadet der Sache. Ein weltweiter Verbund in Sachen Nächstenliebe hat einen unverkennbaren Wert, wenn darin Nächstenliebe erkennbar gelebt wird.

Es geht um eine zeitgemäße Organisationsform, quasi bundesstaatliche Republik statt absolute Monarchie. Die Teilkirchen müssen die für ihr Land erforderlichen Strukturen und Inhalte entwickeln, wollen sie noch Gehör finden, etwas bewirken in ihrem Land im Sinne der christlichen Nächstenliebe, so wie ein international operierender Konzern seinen Marktauftritt von Land zu Land variiert. Wer das nicht versteht, scheitert.

Rom sollte sich als religiöse Zentrale neben der biblischen Kernbotschaft des Christentums darauf beschränken, sein Verständnis von Gott und Gottessohnschaft und die Auferstehung des biblischen Jesus zu erklären und daraus weise Empfehlungen im Sinne bedingungslosen Einsatzes für die christliche Liebesbotschaft zu entwickeln. Der Papst als geistliches Oberhaupt ohne Machtanspruch – außer in Grenzfragen wie z.B. Machtmissbrauch und sexualisierte Gewalt. Weiser Ratgeber für die Gläubigen – aber auch für alle Menschen auf dieser Welt.

Noch im Dekret des Zweiten Vatikanischen Konzils Christus Dominus (CD 9) heißt es:

»Bei der Ausübung der <u>höchsten, vollen und unmittelbaren</u> <u>Gewalt</u> über die Gesamt-kirche bedient sich der Papst der Behörden der römischen Kurie.«

Das ist Sprache des Mittelalters. Sie ist für halbwegs kritische Menschen der heutigen Zeit unerträglich.

Wer Rom die Macht in der heutigen Form belassen will, trägt zur Beschleunigung der im Gang befindlichen weltweiten Erosion des Christentums bei.

Die Teilkirchen sollten sich endlich die Freiheit nehmen, die sie für ihr Überleben benötigen. Die Welt braucht das Christentum nur in einer echten Nachfolge des biblischen Jesus. Und Rom wird die Machtoption nicht ziehen. Man weiß in Wahrheit auch dort, dass diese Zeit vorbei ist und man es sich nicht mehr leisten kann, auf diese Weise die eigene Botschaft irreparabel zu beschädigen. Man spielt die Machtzentrale, um von der Machtlosigkeit abzulenken. Hinzu kommen die finanziellen Folgen, die man sich nicht leisten kann.

Im Sinne christlicher Geschwisterlichkeit sollte sich so der Konflikt im Zusammenhang mit dem Synodalen Weg einvernehmlich lösen lassen. Das wäre ein überzeugender Neuanfang, den ich für möglich halte. Und so könnte von den Katholiken in Deutschland ein Impuls in die Welt gehen, der die Überlebenschance des Christentums als Verkünder der Nächstenliebe verbessert.

Wird der Konflikt nicht geschwisterlich gelöst, beschleunigt das den Niedergang der katholischen Kirche. Will man die Masse der mentalen Absetzbewegungen und der Kirchenaustritte stoppen, muss Großes geschehen. Und im Zweifel gegen Rom.

Oder ist die Zeit des Christentums vorbei?

ZÖLIBAT

Nächster Prüfstein: Pflichtzölibat.

Auch der Pflichtzölibat für Kleriker ist fast ausschließlich machtpolitisch begründet. Für diese Verpflichtung gibt es heute – auch unter den Katholiken – kaum noch Verständnis.

Kein Mensch hat das Recht, einem anderen Menschen so etwas abzuverlangen.

In den ersten Jahrhunderten der Christenheit konnten Priester und Bischöfe selbst entscheiden, ob sie heiraten wollen. Etwa im Jahr 300 wurde in der so genannten Synode von Elvira in Spanien für Spanien festgelegt, dass Priester – so verstehen das Historiker – am Tage des Dienstes keinen Sex haben sollten.

Auf dem zweiten Lateran-Konzil im Jahre 1139 (Hochmittelalter) wurde beschlossen, den Zölibat für christliche Priester auf der ganzen Welt zur Pflicht zu machen. Es wurden sogar Ehen von Priestern für ungültig erklärt.

Selbst Päpste aber nahmen in großer Zahl dieses Enthaltsamkeitsversprechen nicht ernst. Kirchenhistoriker berichten von Päpsten und Bischöfen, die in großer Zahl Kinder gezeugt haben. Die Literatur dazu ist umfangreich. Wenn Sie zweifeln, lesen Sie nach, aber bitte auch bei kritischen Autoren, nicht bei Hofschreibern.

Laut derzeit geltendem katholischen Kirchenrecht (Canon 277 § 1 cic) gilt:

»Kleriker sind gehalten, vollkommene und immerwährende Enthaltsamkeit um des Himmelreiches willen zu wahren. Deshalb sind sie zum Zölibat verpflichtet, der eine besondere Gabe Gottes ist, durch welche die geistlichen Amtsträger leichter mit ungeteiltem Herzen Christus anhängen und sich freier dem Dienst an Gott und den Menschen widmen können«.

Das ist ein Angriff auf den Verstand aller Katholiken. Jeder klarsehende und informierte Mensch weiß, dass Geistliche aller Hierarchiestufen das überwiegend nicht gelebt haben und bis heute nicht leben. Mit dieser angeblich »besonderen Gabe Gottes« ist jeder Mensch überfordert, denn dieser Gott, so er denn der Schöpfer dieser Welt ist, hat nicht nur der Menschheit Sexualität als unabdingbare Gabe zu ihrer Vermehrung bzw. Erhaltung mitgegeben.

Sexuelle Lust ist dieser Gabe immanent. Bei Sexualität geht es aber nicht nur um Vermehrung und Arterhaltung. Sie ist auch als »Klebstoff« für Liebende zu verstehen. Sexualität ist Lebensfreude und Grundbedürfnis fast aller Menschen. Auch die katholischen Karriere-Priester aller Zeiten haben das natürlich gewusst. Nur zur Festigung ihrer Macht hat die katholische Kirche den Zölibat als eine höhere Form des Lebens dargestellt. Priester als Elite, die über der Sexualität steht – quasi geschlechtslose Wesen. Welch eine Täuschung und welch eine Hybris. Meine christkatholische Mutter, Jahrgang 1917, hat das so gesehen.

Gewichtiges Argument zur Einführung des Zölibats war auch die Überlegung, dass verheiratete Priester nicht an ihre Kinder vererben sollten. Hab und Gut alleinstehender Priester sollte dagegen der Kirche zufallen. Also wiederum: Geld und Macht. Lassen Sie sich nichts anderes erzählen.

Die kläglichen Versuche, mit Hilfe der Bibel zu belegen, dass Jesus zölibatäres Leben gefordert hat, auch selbst nicht verheiratet war und das von seinen Jüngern gefordert hat, sollten Sie nachlesen. Bei nur etwas kritischem Empfinden werden Sie erkennen, dass das intellektuell nicht nachvollziehbar ist. Wunschdenken – theologischer Nonsens.

Bei Paulus, einem der entscheidenden Begründer des Christentums, heißt es dazu (Korinther Briefe):

»Was die Frage der Ehelosigkeit angeht, so habe ich kein Gebot vom Herrn.«

Es gibt sogar Historiker, die Anhaltspunkte für die Annahme sehen, dass Jesus mit Maria Magdalena verheiratet war und mit ihr Kinder hatte. In einer Zeit, in der Frauen nur eine untergeordnete Rolle spielten, wird sie als Zeugin für die Auferstehung benannt. Das kann kaum eine Zufälligkeit sein.

Wer sich von Menschen die Zusage abringen lässt, zölibatär zu leben, tappt in eine Falle. Er lässt sich in eine Ecke drängen, in der er nicht wirklich menschenwürdig leben kann. Wer freiwillig und aus echter Überzeugung zölibatär leben möchte, hat natürlich das Recht dazu und wird das auch eher aushalten können.

Wer als Mensch unter Berufung auf den Glauben an Gott einen anderen Menschen zu zölibatärem Leben verpflichtet, verletzt dessen Menschenwürde und verstößt gegen die Botschaft von Liebe und Respekt. Zur Verteidigung anzubringen, man habe den Betreffenden nicht gezwungen, ist ein Scheinargument. Wer katholischer Priester werden will, hat keine Alternative. Und dass sich jemand in einer Art Anfangseuphorie zutraut, zölibatäres Leben durchhalten zu können, ist nachvollziehbar.

Das ist so ähnlich wie mit der Anfangseuphorie einer Ehe. Wie viele Ehen scheitern trotz anfänglich großer Liebe und Zuversicht.

Pflichtzölibat ist eine Art Versklavung der Priester. Es gibt keinen Schalter beim Menschen, mit dem man Sexualität ausschalten könnte. Sie ist eine starke Kraft, die der Natur des Menschen inne ist. Und in unserer sexualisierten Welt wird sie ständig angesprochen. In der Geschichte der Menschheit hat sie Entwicklungen und

Ereignisse ausgelöst von großer historischer Bedeutsamkeit. Sexualität ist nicht nur ein Grundbedürfnis des Menschen, sondern eine biologische Gegebenheit von immenser Wirkkraft.

Zu glauben, ein Mensch könne sie quasi »von Amtswegen« sublimieren, ist eine unterschwellige Kritik an der biologischen Beschaffenheit des Menschen. Sexualität ist kein lästiges Übel, sondern ein existenzieller Bestandteil der menschlichen Biologie. Sexualität und Liebe sind eine wundersame Kombination. In Hunderten Filmen wie *Love Story* oder *Pretty Woman* z.B. ist das in eindrucksvoller Weise filmisch dargestellt.

Wie kann man auf die Idee kommen, Menschen solche erfüllenden Erlebnisse und Empfindungen zu verbieten? Wer Probleme mit seiner eigenen Sexualität hat, kann auf solche Irrwege gelangen. Heuchelei könnte eine andere Ursache sein. Wer die Verbindung von Liebe und Sexualität nicht erkennt, verkennt die Biologie des Lebens. Die sexuell Verklemmten dürfen nicht den Maßstab unseres Lebens bestimmen dürfen. Unsere sexualisierte bzw. sogar übersexualisierte Gesellschaft ist Fakt, auch wenn man das in dieser Form natürlich nicht rundum gutheißen muss. Aber wir müssen uns dieser Realität stellen. Sie begegnet uns unabänderlich jeden Tag. Und jeder von uns muss darauf seine Antwort finden. Gerade eben wegen der sexuellen Überflutung durch Medien und Werbung.

Und an einem katholischen Priester soll das alles abprallen? Soll er doch schauen, wie er mit seiner Sexualität fertig wird?

Das ist die lieblose Position der Amtskirche. Mit Liebe und Respekt hat das weiß Gott nichts zu tun. Wer in seinem Leben die herrliche Verbindung von Liebe und Sexualität erleben durfte, ist ein Beschenkter. Wem das aus religiösen beziehungsweise religiös begründeten Gründen verweigert wird, ist bestraft. Mit Jesus lässt sich das nicht begründen und auch nicht mit dem Glauben an Gott.

Nach vorliegenden Erhebungen leben nicht einmal 30 % der Priester lebenslang zölibatär. Es gibt eine umfangreiche Literatur zu den Nöten und zu den Problemen eines zölibatären Lebens. Dass damit einhergehende Vertuschen und Verstecken ist menschenunwürdig sowohl für die Priester als auch für ihre Partner. Was bleibt diesen Menschen anderes übrig, als der Amtskirche, ihrem Arbeitgeber, etwas vorzuspielen – schon um der wirtschaftlichen Existenz willen?

Wer so in der Falle sitzt – wirtschaftlich sowie psychisch (zwischen schlechtem Gewissen und Versteckspiel) – kann dauerhaft kaum ein überzeugender Botschafter der christlichen Nächstenliebe sein. Er ist viel zu sehr mit sich selbst und seinen Nöten beschäftigt. Damit ist u.a. auch der heutige Zustand der katholischen Kirche zu erklären.

Die Abschaffung des Zölibats ist deshalb eine der Grundvoraussetzungen dafür, dass die katholische Kirche noch eine Überlebenschance hat. Dabei geht es um Wahrheit und Glaubwürdigkeit. Der tausendfache Missbrauch durch Priester und Ordensleute ist auch ein spektakulärer Fall von Verlogenheit in Bezug auf die eigene Lebensweise. Schlimmer geht es nicht. Das nehmen die Menschen von heute nicht mehr hin. Die Abkehr von der Diskriminierung der Sexualität ist mehr als überfällig. Die Zeit der Verlogenheit und Blendung ist vorbei.

Nur der kann überzeugend auftreten, der innerlich frei und mit sich selbst weitgehend im Reinen ist. Die aufgeklärten bzw. informationsgefluteten Menschen unserer Zeit wissen, dass der Zölibat eine lebensfremde Lebensform ist. Wann endlich hören die Zuchtmeister im Vatikan damit auf, junge Menschen, die für die christliche Liebesbotschaft eintreten wollen, mit der Lebensform des Pflichtzölibats zu quälen? Die deutsche katholische Kirche sollte einfach machen.

Die große Zahl der Priesterkinder weltweit ist durch zahlreiche Veröffentlichungen und Initiative von Betroffenen nicht mehr ernsthaft zu bestreiten. Zu deren Anzahl gibt es bisher soweit erkennbar nur Schätzungen. Von 10.000 und mehr weltweit ist die Rede. Fakt ist aber auch, dass die Vaterschaft von Priestern weitgehend verschwiegen wird und damit der Vorwurf entsteht, die Betroffenen würden sich häufig ihrer Verantwortung gegenüber Mutter und Kind nicht stellen.

Es ist auch kein Gerücht, sondern Fakt, dass Müttern von Priesterkindern seitens vieler Bistümer Unterhalt gezahlt wird. Manche bezeichnen das als Ausgleich für die Verleugnung und Verheimlichung des Priestervaters. Viel verwerflicher ist allerdings die Tatsache, dass durch diese Heimlichtuerei die Priesterkinder oft seelisch beschädigt werden.

Schon nach staatlichen Gesetzen hat ein Kind Anspruch auf Unterhalt und Kontakt zum eigenen Vater.

§ 1626 Bürgerliches Gesetzbuch:

»die Eltern haben die Pflicht und das Recht, für das minderjährige Kind zu sorgen.
Zum Wohl des Kindes gehört in der Regel der Umgang mit beiden Elternteilen«.
So der weltliche Gesetzgeber.

Kommen Eltern dieser selbstverständlichen Pflicht nicht nach, bedeutet das in Bezug auf die Kinder eine Form von seelischer Verletzung. Denn zum Aufwachsen eines Kindes – erst recht im christlichen Sinne – gehören elterliche Liebe und Zuneigung, eine angemessene Erziehung sowie liebevolle Begleitung auf dem Weg durch die Zeit – speziell durch die Jugendzeit.

Ein Kind in einem Geflecht von Lüge und Verschweigen oder gar

Leugnung aufwachsen zu lassen, ist ein grober Verstoß gegen das Gebot der Nächstenliebe und eine Verletzung ihrer Würde.

Das ist ein weiteres Detail aus der Kausalkette, warum nicht nur die betroffenen Kinder, sondern viele andere Menschen – vor allem diejenigen, die von solchen Schicksalen aus eigener Anschauung wissen – ihr Vertrauen in die katholische Kirche verloren haben.

Offiziell existiert dieses Problem in der katholischen Kirche nicht. Inoffiziell bekommt man unterschiedliche Angaben. Die Deutsche Bischofskonferenz hat sich soweit erkennbar bisher nicht dezidiert zu dieser heiklen Problematik geäußert. Dabei gehört die Pflicht zur Wahrheit essenziell zur christlichen Glaubenslehre hinzu.

Auch durch dieses Verhalten und dem damit einhergehenden Vertrauensverlust betreibt die katholische Kirche ihren Weg in die Bedeutungslosigkeit.

Dabei könnten überzeugende Priester und Priesterinnen wertvolle Mitarbeiter an der Herstellung von sozialer Gerechtigkeit und Friede in dieser Welt sein. Dafür hat sich der biblische Jesus ans Kreuz schlagen lassen.

Statt an dieser Mammutaufgabe ernsthaft und beharrlich zu arbeiten, disqualifiziert sich die katholische Kirche unter anderem durch das Festhalten am Pflichtzölibat. Selbst der in manchen Bereichen Hoffnung weckende Papst Franziskus kann sich augenscheinlich auch in diesem Bereich gegen die Purpurträger im Vatikan nicht durchsetzen.

Warum eigentlich nicht? Lesen Sie dazu »Franziskus unter Wölfen« von Marco Politi – eine hochinteressante Lektüre. Im Vortext zu seinem Buch zitiert er auszugsweise aus der Ansprache des Papstes zu Beginn seiner Amtszeit vor der Kurie, die ich an dieser Stelle nochmals zitiere:

»Eine Kurie, die keine Selbstkritik übt, ist ein kranker Leib … Es ist die Krankheit derer, die sich in Gebieter verwandeln, … Die Krankheit des geistlichen Alzheimer … der Rivalität und der Eitelkeit … Es ist die Krankheit derer, die ein Doppelleben führen … Die Krankheit des Tratsches«.

Interessant in diesem Zusammenhang sind auch die Bücher von Andreas Englisch wie z.b.»Der Kämpfer im Vatikan« über Papst Franziskus.

Franziskus scheint jedenfalls begriffen zu haben, worum es geht – unabhängig von der Frage, ob er sich mit seinen Positionen gegen die Kurie durchsetzen kann. Rom – so sagt er – darf kein bürokratisches Machtzentrum sein, sondern muss die katholischen Gemeinschaften der Welt in einem Band einen, das nicht in erster Linie auf Rechtsbestimmungen, sondern auf der Liebe beruht.

Genau das.

Er hat es so schwer, weil nach allem, was man liest und hört, viele in der römischen Kurie außer Macht auszuüben und ihre herausgehobene Stellung in der Hierarchie zu erhalten, nicht viel anderes interessieren soll. Deshalb hat er, wie zuvor beschrieben, Tacheles geredet.

Die von ihm veranlassten organisatorischen und personellen Veränderungen scheinen nicht viel geändert zu haben. Viele in der Kurie sehen sich mit Stolz auf dem Gipfel ihrer theologischen Karriere. Dieser Stolz sei ihnen gegönnt. Gleichzeitig sollen viele aber auch vehement daran interessiert sein, weiterhin ihr feudales Leben führen zu können – in römischen Luxuswohnungen für kleinsten Mietzins (Eigentümer: der Vatikan). Da ist ein solcher Papst möglicherweise nur hinderlich oder gar gefährlich.

Im Vatikan gibt es viele Baustellen dieser Art, die die Glaubwürdigkeit der katholischen Kirche in Frage stellen. Deshalb tut sich Papst

Franziskus offenbar so schwer, signifikante Veränderungen im Auftritt der katholischen Kirche herbeizuführen. Wenn aber am Ende seiner Amtszeit das Zeugnis lautet »Er hat sich sehr bemüht« ist das zu wenig, für ihn persönlich und für die gesamte katholische Kirche. Vielleicht ist er nur zu alt.

Zurück zum Pflichtzölibat. Für die ekelerregenden Missbrauchsfälle ist diese Lebensform sicherlich – wenn auch sicherlich nicht allein – mit kausal. Pädophil Veranlagte sollen sich in diese Lebensform hinein versteckt haben. Das Priestergewand als Tarnung. Dazu gibt es Studien.

Der Pflichtzölibat wird andererseits weitgehend nicht mehr gelebt. Und diejenigen, die in Partnerschaften leben, müssen sich ständig verstecken – sich und ihre Partner. Wie geschildert, ein unwürdiges Trauerspiel zu Lasten wertvoller Menschen.

Katholische Kirche höre auf mit dieser Lebenslüge. Nicht nur wegen der unglaublich vielen Missbrauchsfälle, sondern auch wegen der vielfachen Verlogenheit, die in der Behauptung zölibatärer Lebensweise liegt, muss man sich als Katholik seiner eigenen Kirche schämen. Und diejenigen, die entgegen ihrer Pflicht nicht zölibatär leben, müssen sich dessen nicht schämen. Im Gegenteil. Es ist ihr Recht, ihr Recht auf menschenwürdiges Leben.

Die Kirchen in Europa und speziell auch in Deutschland sollten dabei nicht auf Rom warten. Wer die Kirche bei uns erhalten will, muss handeln und sich der römischen Macht entziehen. Denn mit Liebe und Respekt hat die starre römische Position nichts zu tun. Eine solch partielle Gehorsamkeits-Verweigerung wäre kein Affront, sondern ein gebotenes Verhalten, das aus der christlichen Lehre denklogisch folgt. Die Macht, das zu unterbinden, hätte der Vatikan wie beschrieben letztlich nicht.

An seiner Reaktion auf die bescheidenen Ergebnisse des sog. Synodalen Wegs wird man austesten können, wie er es mit der geschwisterlichen Liebe hält. »Liebe Brüder und Schwestern im Herrn«.

Meine Prognose auch an dieser Stelle: Rom wird sich beugen, wenn die deutschen Katholiken standhaft bleiben. Man wird es nicht wagen, die deutschen Katholiken herauszuschmeißen. Man kann es sich gar nicht leisten.

FRAUEN IM PRIESTERAMT / FRAUENORDINATION

Ein Konfliktfall von vergleichbarer Qualität ist das Thema Frauenordination.

»Die heilige Weihe empfängt gültig nur ein getaufter Mann« (cic 1983 can.1024). So das katholische Lehramt bis heute zu. Was für eine lieblose und verantwortungslose Diskriminierung von ca. 50% der Weltbevölkerung, 50% der Geschöpfe Gottes (für die Gottgläubigen).

Dass eine Organisation im 21. Jahrhundert noch existieren will, die sich so verhält und Frauen nicht in die Leitungsebenen lässt, ist schon abenteuerlich. In der Wirtschaft und in der Politik spielen Frauen immer mehr eine führende Rolle. Die deutsche Verfassung gewährt Frauen Gleichberechtigung durch Art. 3 Grundgesetz. Dort heißt es:

(1) »Alle Menschen sind vor dem Gesetz gleich«.

(2) »Männer und Frauen sind gleichberechtigt. Der Staat fördert die tatsächliche Durchsetzung der Gleichberechtigung von Frauen und Männern und wirkt auf die Beseitigung bestehender Nachteile ein«.

(3) »Niemand darf wegen seines Geschlechtes, seiner Abstammung, seiner Rasse, seiner Sprache, seiner Heimat und Herkunft, seines Glaubens, seiner religiösen oder politischen Anschauungen benachteiligt oder bevorzugt werden. Niemand darf wegen seiner Behinderung benachteiligt werden«.

In Art. 23 der Grundrechte der Europäischen Union ist die Gleichheit von Frauen und Männern in allen Bereichen des Lebens ebenso niedergelegt. Art. 15 der UN-Frauenrechtskonvention verlangt explizit die rechtliche Gleichstellung von Mann und Frau. Frauen müssen danach in allen Rechtsbereichen die gleichen Rechte bekommen wie Männer. Am 18. Dezember 1979 wurde dieses Übereinkommen zur Beseitigung jeder Form von Diskriminierung der Frau durch die UN-Generalversammlung verabschiedet.

Noch bis Ende des 19. Jahrhunderts waren Frauen weitgehend rechtlos. In Deutschland wurde das Frauenwahlrecht zum Beispiel erst 1918 eingeführt. Die wichtige Entwicklung in Bezug auf die Stellung der Frau ist an der katholischen Kirche vorbeigegangen.

Trotz der weltweit aktuellen Rechtslage und der weltweiten Verständigung über die Gleichberechtigung der Frau erlaubt sich die katholische Kirche weiterhin die systematische Diskriminierung von Frauen. Das kann nicht mehr lange gut gehen.

Ohne die Mitwirkung von Frauen ist die katholische Kirche im Übrigen gar nicht mehr organisierbar. Die Frauen hätten in Deutschland die Macht, kirchliches Leben zum Erliegen zu bringen.

Gerade für Christen und gottgläubige Menschen müsste die Gleichstellung von Mann und Frau eine Selbstverständlichkeit sein. Vor Gott sind alle Menschen gleich. Das entspricht christlicher Grundüberzeugung – jedenfalls auf dem Papier. In der Bibel heißt es dazu:

»Da schuf Gott Adam, die Menschen, als göttliches Bild, als Bild Gottes wurden sie geschaffen, männlich und weiblich hat Gott sie geschaffen«. (1.Mose 1.27)

Jesus hat bei seiner Liebesbotschaft natürlich auch nicht unterschieden zwischen Männern und Frauen. Im Lichte der christlichen

Liebesbotschaft Frauen zu diskriminieren, ist ein fortwährender Verrat an der Botschaft, auf die man sich beruft.

Dass die katholische Kirche bzw. ihre Kurie und viele Bischöfe und Kardinäle keine Frauen ins Priesteramt lassen wollen, belegt deren mangelndes Interesse an der Verbreitung der christlichen Liebesbotschaft. Wer sich eine solche Weltfremdheit leistet, entfernt sich aus der Gemeinschaft der heute lebenden Menschheit. Eine solche Organisation kann man schlicht nicht mehr ernst nehmen.

Es kommt nicht darauf an, ob die katholische Kirche mit Frauen im Priesteramt erfolgreicher wäre. Obwohl man das annehmen darf. Allein schon deshalb, weil dadurch möglicherweise der Priestermangel kompensiert werden könnte. Darum geht es aber nicht. Es geht darum, dass es mit der christlichen Liebesbotschaft nicht zu vereinbaren ist, Frauen die Mitwirkung auf priesterlichem Niveau in der Kirche zu verweigern. Das ist aus christlicher Sicht nichts anderes als ein besorgniserregender Skandal.

Das ist zudem in der Welt von heute nicht mehr vermittelbar. Bleibt die katholische Kirche bei dieser Position, wird sie für die Mitwirkung an der Verbesserung der Welt im Sinne ihrer christlichen Friedens- und Soziallehre unbrauchbar.

Das peinliche Paradoxon: In der katholischen Kirche gibt es eine weitverbreitete Marienverehrung. Die Gottesmutter soll sogar mit Leib und Seele in den Himmel aufgefahren sein (Dogma – verkündet von Pius XII. 1950). Das ist zwar nicht nur eine religiöse Zumutung, die kaum noch jemand mehr ernst nimmt. Ebenso wenig wie das auf Märchenniveau einzustufende Narrativ von der Jungfrauengeburt – ein schon aus der Antike bekanntes Bild. Daran festzuhalten ist ein Angriff auf die Intelligenz des katholischen Menschen. Mögen die Naiven das weiterhin glauben. Die Welt nimmt das heute nur noch mitleidsvoll zur Kenntnis.

Während Maria also quasi göttergleich verehrt wird, werden

ihre Geschlechtsgenossinnen für unwürdig empfunden, das Priesteramt zu bekleiden. Auch bei diesem Thema kann man deshalb die katholische Kirche intellektuell nicht mehr ernst nehmen. Auch durch das Festhalten
an dieser Diskriminierung verrät sie die Botschaft von der Nächstenliebe.

Meine Prognose: Bleiben die katholischen Frauen in Deutschland
beharrlich, werden die maßgeblichen Kräfte in der deutschen Kirche ihnen folgen – und Rom wird es sich nicht leisten, die Deutschen
»rauszuwerfen«. Also: beharrlich bleiben.

SEXUALLEHRE DER KATHOLISCHEN KIRCHE

Ich wiederhole mich. Auch in Sachen Sexualverhalten wird die katholische Kirche seit Jahrzehnten nicht mehr ernst genommen. Das gilt für den weit überwiegenden Teil der gesamten Bevölkerung, aber ebenso für den Großteil der noch eingeschriebenen Katholiken. Die zahlreichen Kirchenaustritte und der dramatische Rückgang der Kirchgänger in den letzten Jahren und Jahrzehnten ist ein Beleg dafür, dass die Kirche wie ein Kulturverein nur noch gebraucht wird für Kinder-Kommunion, Hochzeit und Beerdigung. Und auch dieses »Geschäft« ist stark rückläufig.

Sex vor der Ehe z.b. ist für junge Menschen seit Jahrzehnten gelebte Wirklichkeit, was die Kirche auch immer dazu sagt. Partnerwechsel – sei es mit oder ohne Trauschein – nimmt immer mehr zu. Die durchschnittliche Ehedauer nimmt in Deutschland und in Europa immer weiter ab (Focus 6/23). Das mag man bedauern. Und im Einzelfall mag menschlich problematisches Verhalten vorliegen. Beurteilen kann man das als Außenstehender nicht und damit auch nicht verurteilen. Das gilt auch für die Kirche. Werbung für Liebe und Treue ist etwas anderes und steht in der Tradition der Werbung für Nächstenliebe. Andere Menschen zu verurteilen – so beim offiziellen Umgang der katholischen Kirche mit Wiederverheirateten – ist ein eklatanter Verstoß gegen die Lehre von der Nächstenliebe.

Die so genannten Pillen-Enzyklika humanae vitae (Papst Paul XI. 1968) hat bei uns Studenten, auch bei den katholisch sozialisierten, seinerzeit nur Lächeln und Spott ausgelöst – »der Pille-Paul«. Sie hat allerdings auch einen mentalen Bruch ausgelöst und ist u.a. auch verantwortlich, dass fast alle meiner Altersgenossen und auch spätere Semester den Weg einer dauerhaften Distanzierung zur katholischen Kirche gegangen sind. Der ehemalige Messdiener Jürgen von der Lippe ist – achtet man daraufhin auf seine bissigen Kommentare – ein Paradebeispiel für diese Entwicklung.

Empfängnisverhütung hat eine weltweite Verbreitung gefunden. Die Meinung der katholischen Kirche dazu interessiert niemanden mehr. Das mag in Teilen der so genannten Dritten Welt noch etwas anders aussehen.

Ebenso an der Wirklichkeit vorbei geht die offizielle Einstellung der katholischen Kirche zu Homosexualität.

Homosexualität ist ein weitverbreitetes Sexualempfinden, wenn man das so bezeichnen darf. Zwischen 3 und 10 % der erwachsenen Bevölkerung bei uns sollen homosexuell oder bisexuell sein. Gesellschaftlich ist das weitgehend akzeptiert, vom Gesetzgeber weitgehend nicht nur toleriert, sondern zugelassen und geschützt. Aus dem Englischen gibt es die Abkürzung LGBTQI* (lesbian, gay, bisexual, transgender, queer und intersex).

Das gibt es auf dieser Welt, auch wenn Vertreter der katholischen Kirche glauben, das ignorieren oder diskriminieren zu können.

Die Kirche bzw. ihr Lehramt verurteilt immer noch homosexuelle Handlungen als hochgradig unmoralisch. Gleichzeitig fordert sie heute immerhin, Homosexuellen Menschen mit Achtung und Mitleid zu begegnen und sie nicht in irgendeiner Weise ungerecht zurückzusetzen.

2020 sprach sich Papst Franziskus in einem Dokumentarfilm für eingetragene Partnerschaften aus, die homosexuellen Paaren rechtliche Anerkennung und soziale Sicherung verschafften. »Sie sind Kinder Gottes und haben das Recht auf eine Familie. Niemand sollte wegen so etwas ausgeschlossen oder unglücklich werden.«

Im März 2021 erklärte die Kongregation für die Glaubenslehre, dass zwar die Segnung einzelner homosexueller Personen möglich sei, die Segnung gleichgeschlechtlicher Verbindungen aber in jedem Fall ausgeschlossen werde. Papst Franziskus soll über dieses Schreiben nicht informiert worden sein. Den dafür verantwortlichen Erzbischof hat Papst Franziskus in die italienische Provinz versetzt.

Das deutsche Reformprojekt »Synodaler Weg« hat beschlossen, dass die katholische Kirche künftig auch homosexuelle Paare segnen wird.

In Umsetzung einer europarechtlichen Richtlinie gibt es in Deutschland das Allgemeine Gleichbehandlungsgesetz. Ziel dieses Gesetzes ist es, Benachteiligungen aus Gründen der Rasse oder wegen der ethnischen Herkunft, des Geschlechts, der Religion oder Weltanschauung, einer Behinderung, des Alters oder der sexuellen Identität zu verhindern oder zu beseitigen. Das Gesetz sieht Maßregelungsverbote vor und Anspruch auf Entschädigung und Schadensersatz für gemäß diesem Gesetz Diskriminierte.

Ganz Europa ist also an der katholischen Kirche vorbeigegangen und das mit wohl weit überwiegender Zustimmung der Menschen in der EU. Kommt die katholische Kirche also auch in diesem Bereich nicht zur Neubewertung, wird sie auch aus diesem Grund für breite Bevölkerungsschichten bedeutungslos. Eine christliche Kirche mit weniger Liebe und Verständnis als die weit überwiegende Zahl der Menschen in der EU? Das kann nicht sein.

Immerhin heißt es in einem Beschluss der Vollversammlung der so genannten Synodalversammlung der deutschen Katholiken:

»Gleichgeschlechtliche Sexualität ist keine Sünde und ist nicht als in sich schlecht zu beurteilen. Da die Homosexuelle Orientierung zur Identität des Menschen gehört, wie er von Gott geschaffen wurde, ist sie ethisch grundsätzlich nicht anders zu beurteilen als jede andere sexuelle Orientierung«.

»Homosexualität ist keine Panne Gottes.« (Bischof Dieser, Aachen – Missbrauchsbeauftragter der Deutschen Bischofskonferenz).

Sollte Rom diese Auffassung ablehnen, sollte die deutsche katholische Kirche gleichwohl so verfahren wie beschlossen. Rom hat wie gesagt nur die Macht, die man ihm lässt. Die Mehrzahl der deutschen Katholiken inklusive der meisten seiner Bischöfe scheint begriffen zu haben, worum es geht. Es geht um Abgleiten in die Bedeutungslosigkeit oder um Anwaltschaft für Respekt und Nächstenliebe.

Segen für homosexuelle Paare und auch durch sich bekennende homosexuelle Priester sind seit 2021 durch die Medien gegangen. Im Dezember 2023 gab es das Vatikan-Schreiben „Fiducia supplicans", wonach katholische Geistliche unverheiratete, wiederverheiratete und homosexuelle Paare segnen dürfen – allerdings nicht so wie bei Trauungen, sondern anders, nicht ritualisiert und vom zeitlichen Umfang her auf 10 bis 15 Sekunden beschränkt.

Die Betroffenen – als in „ irregulärer Partnerschaft" lebend bezeichnet – mögen entscheiden, ob das eine Einladung ist.

Der Papst erlaubt, ordnet aber nicht an. Gleichwohl ist weltweit ein Streit unter namhaften Kirchenvertretern entstanden, heftige Beschimpfungen eingeschlossen. Die alten Muster zur Bevormundung der Gläubigen in Fragen sexuellen Verhaltens werden wieder ausgepackt. Der Vorwurf der Häresie (Abweichung von der offiziellen Lehre) in Richtung Papst wird sogar erhoben. Sie haben nichts verstanden.

Als wäre nichts gewesen.

Eine von weltweiten Missbrauchstaten gezeichnete Kirche streitet heftigst über Fragen der Sexualmoral. Dabei hat der biblische

Jesus nicht gesagt, verachtet und beschimpft euch, sondern liebet einander.

Wenn man die Menschen bei uns befragt hört man immer mehr: „Gerade die sollten endlich schweigen".

Was folgt aus alle dem?

Fragen der Sexualmoral lassen sich nicht weltweit einheitlich regeln. Das muss jede Teilkirche eigenständig regeln, um den Verhältnissen vor Ort Rechnung tragen zu können (in 79 Ländern wird z.b. Homosexuailität noch strafrechtlich verfolgt, in 7 Staaten droht sogar die Todesstrafe lt.Phoenix.de).

Eine auf die Verbreitung der Nächstenliebe verpflichtete Glaubensgemeinschaft, die bei solchen sensiblen Themen Respekt und Verständnis vermissen lässt, geht unweigerlich den Weg in die Bedeutungslosigkeit.

Aus meiner Sicht droht der Welt insoweit ein großer Schaden. Verdunstet mit ihr die Liebesbotschaft des biblischen Jesus, wird es in dieser Welt dunkler.

Und die deutschen Katholiken sollten deshalb umso unbeugsamer den eingeschlagenen Synodalen Weg weiter gehen.

LIEBE UND RESPEKT HEISST DIE LÖSUNG

»Du sollst Gott lieben und deinen Nächsten wie dich selbst«. Dieses, nach Aussage des biblischen Jesus alles überragende Gebot, war der Ausgangspunkt meiner Überlegungen. Ich habe versucht zu begründen, dass dieses Gebot eine fundamentale Bedeutung für das Leben und Zusammenleben der Spezies Mensch hat und dass diese Einschätzung nicht auf Glaube, sondern auf Logik beruht. Zu aller Zeit haben bedeutsame Menschen das formuliert. Ich habe versucht, es zu erklären.

Wenn auf der Welt die Liebe herrschte, wären alle Gesetze entbehrlich. (Aristoteles)
Wo Liebe ist, wird das Unmögliche möglich. (Buddha)
Du und ich: Wir sind eins. Ich kann dir nicht wehtun, ohne mich zu verletzen. (Gandhi)
Das einzig Wichtige im Leben sind die Spuren der Liebe, die wir hinterlassen, wenn wir gehen. (Albert Schweitzer)
Glücklich allein ist die Seele, die liebt. (Goethe)
Glück ist Liebe, nichts anderes. Wer lieben kann, ist glücklich. (Hermann Hesse)

Was die Verbreitung von Liebe und Respekt für die Welt und das Leben jedes einzelnen Menschen bedeuten, habe ich ebenso versucht darzustellen wie dessen Bedeutung für die weltlichen und christlichen Organisationen unserer Welt.
Ich habe ebenfalls versucht, die Stellschrauben zur Rettung der christlichen Kirchen, speziell der katholischen Kirche, zu

identifizieren – aus meiner Sicht und aus Sorge um unsere Welt. Erfolgsversprechende Ersatzspieler sind nicht in Sicht. Die Welt braucht aber untadelige Ratgeber, die sich der Nächstenliebe verpflichtet fühlen. Aber die größte christliche Kirche, die römische, kann dieses Prädikat nicht mehr für sich beanspruchen. Warum nicht? Ich habe versucht, das zu begründen.

Sollte sie jedoch zum Kern ihrer Botschaft zurückfinden, könnte sie eine wertvolle Hilfe für die Welt werden. Mittelalterliche Denk- und Organisationsstrukturen müssen dafür konsequent aufgegeben werden. *Leuchtturm der Nächstenliebe* statt *Tempel der Macht* könnte das Bild sein. Vorbild sein und nicht abschreckendes Beispiel in Sachen Liebe und Respekt.

Lesen Sie dazu z.b. das Buch »Der Nachmittag des Christentums« von Tomas Halik. Er schreibt darin unter anderem:

- Wenn Kirche Kirche sein soll, wenn sie nicht zu einer abgeschotteten Sekte werden soll, muss sie eine radikale Wende in ihrem Selbstverständnis, in ihrer Auffassung von ihrem Dienst an Gott und an den Menschen in dieser Welt vollbringen.

- Wenn die Kirchen der Versuchung der Egozentrik und des kollektiven Narzissmus, des Klerikalismus, Isolationismus und Provinzialismus widerstehen, können sie auf eine bedeutsame Weise zu einer neuen, breiten und tiefen Ökumene beitragen. Sie können der Menschheitsfamilie helfen, nicht auf einen Kampf der Kulturen zuzulaufen, sondern auf den Aufbau einer neuen civitas oecumenica zuzugehen – eine Kultur der Kommunikation, des Teilens und des Respekts vor der Andersheit (siehe Cover).

In der Tat bräuchte die Welt eine katholische Kirche (und auch die anderen christlichen Kirchen) mit solcher Strahlkraft. Nicht aber in der derzeitigen Verfassung und nicht in Fortsetzung macht-orientierten Agierens und Bevormundung der Menschen. Mehr oder weniger ausschließlich als Ratgeber in Sachen Liebe und Respekt. Das ist höchster Anspruch – intellektuell und menschlich. Und den Mächtigen dieser Welt den Spiegel vorhalten – wie der biblische Jesus – kann nur eine Organisation, die Liebe und Respekt überzeugend vorlebt. Und genau das fehlt der Welt.

Die Kirche kann nicht ungeschehen machen, was in 2000 Jahren passiert ist. Gleichwohl gehört sie für mich mit ihrer Kernbotschaft zu den Hoffnungsträgern für eine bessere Welt. In einem ersten Schritt müssen sich deshalb kirchenintern die durchsetzen, die eine Kirche wollen, die der Welt wieder etwas zu sagen hat. Disziplinierung von unten, nicht Spaltung. Dass das möglich ist, habe ich versucht zu begründen.

Bleibt man im Denksystem der katholischen Kirche, könnte man formulieren: Jesus hat mit der Liebe den Maßstab Gottes in die Welt gebracht. Also leben wir das vor.

Dazu gehört unabdingbar, die noch vorhandenen erheblichen Kirchensteuereinkünfte endlich in großem Stil in die Caritasarbeit einzubringen und der Kirche damit eine völlig andere Ausrichtung zu geben. Gelebte Nächstenliebe statt phantasielose Verwaltung des vermeintlich unaufhaltsamen Niedergangs. Liebe spürbar und die Welt auf diese Weise besser machen, das könnte wieder viele Menschen vom Wert der Kirche überzeugen.

Heißt die Botschaft »Gott ist die Liebe«, dann erzeugen diejenigen, die das verkünden und vorleben, eine hohe Überzeugungskraft. Denn sie treffen die DNA der Menschheit, weil jeder Mensch weiß, dass es die Liebe gibt und dass er Liebe braucht, und sei seine Psyche noch so von Gift zugeschüttet.

Mutter Teresa wird das Zitat zugeordnet:

»Es gibt viele Menschen auf der Welt, die nach einem Stück Brot hungern, aber noch mehr, die nach ein bisschen Liebe verlangen.«

Eine Organisation, die Liebe erklärt und vorlebt, wird viele Menschen wirklich erreichen. Dabei geht es nicht darum »Vereinsmitglieder« einzusammeln – obwohl das eine Folge dessen sein könnte – sondern darum, die Welt besser zu machen. Liebe und Respekt führen die Menschen inhaltlich zueinander. Helfen ihnen, den Sinn des Lebens besser zu verstehen.

Kommen wir deshalb zurück zum Ausgangspunkt meiner Darlegungen.

Je mehr Menschen die Jesus-Formel von Liebe und Respekt leben und glaubwürdig und seriös verbreiten, desto besser wird die Welt. Diese Idee muss neu mobilisiert werden.

Es ist eine Utopie zu glauben, dass die Welt umfassend und dauerhaft überall friedlich sein könnte. Auf der anderen Seite ist aber die Annahme realistisch, dass jeder Mensch, der das Prinzip Liebe und Respekt verstanden hat und, so gut er kann, zu leben versucht, die Welt ein bisschen besser macht. Mehr kann der Einzelne in dieser Welt nicht leisten. Aber das kann viel bewirken. Das beste Beispiel dafür ist der biblische Jesus.

»Jeder Mensch sollte mit seinem Leben die Welt ein ganz klein wenig besser zurücklassen.« (Der kleine Lord).

Und nochmals R.W. Emerson:

»In anderen das Beste sehen. Die Welt etwas besser zurücklassen. Wissen, dass auch nur ein Leben leichter gelebt wurde, weil du gelebt hast. Das ist Erfolg.«

Hat das etwas mit Gott oder dem Glauben an Gott zu tun? Nicht zwingend. Aber die Suche nach Gott oder einer höheren Macht kann hilfreich sein bei der Suche nach dem Sinn des Lebens. Wo komme ich her, wo gehe ich hin? Wie war mein Leben? War ich Hilfe oder eher Last? Stand ich mehr für Respekt und Liebe oder mehr für Lieb- und Gedankenlosigkeit? Und wenn ich nicht an Gott glaube, kann ich dennoch ein Anhänger von Liebe und Respekt sein.

Mehr braucht die Welt nicht, aber eigentlich mindestens das. Intellektuell bin ich bei den Agnostikern. Ob es Gott gibt oder nicht, kann offenbleiben. Aber mehrfach in meinem Leben habe ich, in kritischen wie in guten Momenten, eine Kraft neben mir gespürt, die mir quasi die Hand gehalten hat, mich quasi in die richtige Richtung geschubst hat. Ich war das nicht allein, sondern eine Kraft außerhalb von mir. Das habe ich so empfunden. Deshalb halte ich so etwas wie eine höhere Macht, eine Kraft außerhalb von uns für wahrscheinlich. An einem Beweis bin ich persönlich nicht interessiert. Da genügt mir das Wissen um den Wert der Liebe und ihre unbestreitbare Existenz. Denn die Angewiesenheit auf Liebe und die Sehnsucht eines jeden Menschen nach Liebe ist weder naturwissenschaftlich noch philosophisch bestreitbar. Liebe ist quasi in der DNA des Menschen im Sinne eines biologischen Instinkts gespeichert. So habe ich versucht es zu beschreiben.

Je mehr sie die Menschen lenkt, desto freier werden sie. Desto wertvoller sind sie für die Welt. Desto sinnvoller erscheint ihnen ihr Leben. Desto mehr wird Erfolg bei ihnen sein im umfassendsten Sinne des Wortes. Es lebt sich besser in der Sonne der Liebe. Wer nur ein bisschen davon begreift und versucht umzusetzen, macht sein Leben um ein Vielfaches leichter.

Für Freunde der Bibel sei nochmals auf das Johannes-Evangelium verwiesen, wo es heißt:

»Wir wollen einander lieben; denn die Liebe ist aus Gott und jeder, der liebt, stammt von Gott und erkennt Gott. Wer nicht liebt, hat Gott nicht erkannt; denn Gott ist Liebe«.

Und wenn der biblische Jesus gesagt haben soll, die Liebe stehe vor allem, dann hat er das Prinzip menschlichen Lebens benannt. Nur die Nächstenliebe kann die Welt erhalten.

Ob das mit Gott oder seinem Sohn etwas zu tun hat, ist Glaube, aber nicht intellektuell zwingend.

Auch wenn niemand Nächstenliebe in Reinform leben kann, muss die Welt ständig an sie erinnert werden durch glaubwürdige Vertreter, die aber gleichzeitig ihre eigene Begrenztheit bekennen und sich nicht durch eine anmaßende Überhöhung Gott näher wähnen als andere. Oder sich ohne Gott für die wertvolleren und besseren Menschen halten.

Wer für Liebe und Respekt wirbt, ist kein besserer Mensch. Jeder von uns wird gelegentlich, vielleicht oft – hoffentlich nicht zu oft – im Lichte dieses Anspruchs versagen (»Wer ohne Sünde ist, werfe den ersten Stein«). Wer aber das Prinzip Nächstenliebe verstanden und akzeptiert hat, wird immer wieder zu ihm zurückkehren und hat eher die Chance, sein Leben zu meistern, wie auch immer die Umstände sind.

Jeder Schritt in Richtung Liebe und Respekt macht die Welt besser. Und was immer wir zu entscheiden oder zu beurteilen haben: Legen wir die »Schablone Nächstenliebe« an, erschließt sich die richtige Lösung. Die Jesus-Formel ist die Lösung. Immer!

Deshalb gilt: Liebe, Verständnis und Respekt – »Liebe deinen Nächsten wie dich selbst« – ist die Erfolgsformel für die Welt. Nicht nur die christlichen Kirchen könnten dabei helfen, das den Menschen, in welcher Situation sie sich auch befinden, zu zeigen und zu vermitteln. Werbende für die Nächstenliebe ist ihre erste, alles überragende Aufgabe.

Mutter Teresa hat das überzeugend formuliert und das Empfangen von Liebe zu Recht höher eingestuft als materielle Hilfe.

Besonders die Machthaber dieser Welt sollten endlich begreifen, dass wir keine Zeit mehr haben für Kriege und persönliche wie nationale Machtgier. Die Bekämpfung von Armut und Hunger sowie die Rettung des Weltklimas geht nur in einer friedlichen Welt. Es ist schon sehr spät. Wer bringt ihnen das bei?

Den christlichen Kirchen kommt diese Aufgabe in besonderer Weise zu. Und noch haben sie die Möglichkeit z.b. zum Frieden in der Ukraine beizutragenden, in dem sie sich öffentlich und medienwirksam an die Führung und an Angehörige der russisch-orthodoxen Kirche wenden.

Aber natürlich hat auch jeder Mensch die Aufgabe und Möglichkeit, die Welt ein wenig besser zu machen.

Gehen wir es an.

Bei allem Ernst. Liebe ist doch einfach was Schönes.

Schließen wir deshalb mit Wilhelm Busch:

»Das Schönste aber hier auf Erden, ist lieben und geliebt zu werden.«

Ist doch so einfach. Oder?